Dirk-Oliver Lange

Jammerlappen Express

Dirk-Oliver Lange

Jammerlappen Express

Machen Sie Ihr Bestes sichtbar

Edition Forsbach

Bibliografische Information der Deutschen Nationalbibliothek:

Die Deutsche Nationalbibliothek verzeichnet diese Publikation in der Deutschen Nationalbibliografie; detaillierte bibliografische Daten sind im Internet über http://dnb.dnb.de abrufbar.

Edition Forsbach
Leben & Mee(h)r

www.edition-forsbach.de

ISBN: 978-3-95904-000-6

Dieses Buch ist auch als E-Book und als Hörbuch erhältlich

Coverdesign, Lektorat: Dr. Beate Forsbach, Fehmarn

Korrektorat: Sylvia Ehrich, Bergisch-Gladbach

Satz und Layout: Tim Gouder, Köln

Coverbild: © Oleksiy Mark – Fotolia.com

Autorenfoto: Fatih Doganer, Hamburg

Druck: CPI books GmbH Leck

Printed in Germany

Inhalt

Vorwort

Liebe Leserin, lieber Leser,

täglich berichte ich in den Nachrichten über Unfälle, Schicksalsschläge und Verurteilungen von Kriminellen. *Only bad news are good news.* Aber ist das tatsächlich so? Ist immer nur das Schlechte gut genug, um darüber zu berichten? Vermutlich ja, wenngleich ich mich immer wieder darüber freue, wenn Nachrichten zum Schmunzeln oder gar zum Lachen sind. Das kommt zwar selten vor, aber es gibt solche Meldungen. Und sie sind etwas ganz Besonderes in der Menge aller Nachrichten.

Als Moderator einer Nachrichtensendung muss man sich intensiv mit den Themen beschäftigen und dabei aufpassen, sich nicht von den Schicksalen, über die wir berichten runterziehen zu lassen. Zugegeben, das ist nicht immer leicht. Besonders schwierig ist es, wenn wir über Kinderschicksale berichten.

Aber: Wenn wir unseren Blick ausschließlich auf das Schlechte werfen, sehen wir das Gute nicht mehr. Ein verhängnisvoller Fehler. Denn dann übersehen wir all die kleinen Lichtblicke, für die es sich jeden Tag aufzustehen lohnt. Falls Ihr Leben zu viele *bad news* beinhaltet und Sie den Blick wieder auf das Schöne richten möchten, sage ich nur: viel Spaß und gute Reise mit diesem Buch!

Ihr

Jörg Boecker

TV-Moderator & Journalist

Moin aus Hamburg

Ich freue mich, dass Sie sich entschieden haben, Ihrem Leben neue Impulse zu geben und mehr Freude zu erleben. Ich stehe hier am Hauptbahnhof und warte auf den Jammerlappen Express. Schön, dass Sie mich auf dieser Reise begleiten.

Viel zu viele Menschen fahren tagtäglich mit dem Jammerlappen Express. Einige von ihnen bis an ihr Lebensende. Das Ergebnis sind dann im Alter Sätze wie: „Ich wollte so gerne mal nach … reisen“ oder „Einmal hätte ich fast dies oder jenes getan“ oder „Ich wollte immer …“

Ein Blumenstrauß voll unerfüllter Wünsche, für die es einen guten Grund gibt. Diese Menschen wussten nicht, wie sie zum Coach ihres Gehirns werden und wie sie es schaffen können, ihr Leben nicht von ihren negativen Gewohnheiten bestimmen zu lassen. Nehmen Sie Platz im Jammerlappen Express und tauchen Sie ein in Ihre eigene Persönlichkeit. Und jetzt machen Sie mal etwas ganz Verrücktes. Beginnen Sie einfach irgendwo zu lesen. Je weniger Druck Sie aufbauen, umso mehr Freude werden Sie beim Lesen verspüren. Und Freude sorgt dafür, dass Sie offen für Neues sind.

Oh, ich höre gerade die Bahnhofsdurchsage:

> „Auf Gleis 1 fährt ein der Jammerlappen Express über Nörgelhausen, Jammerstadt, Unfreundlichburg, Traurigheim nach Glückstadt. Planmäßige Ankunft: wie immer verspätet. Bitte Vorsicht an der Bahnsteigkante.“

Sind Sie bereit?

Dann nehmen Sie Ihr Gedankengepäck und steigen Sie ein.

Ich wünsche Ihnen eine glückliche Reise!

Mein Weg zum Buchautor und Keynote Speaker

Am 14. Oktober 1969 erblickte ich im Universitätsklinikum Hamburg-Eppendorf das Licht der Welt. In den ersten sechs Jahren meines Lebens erlebte ich eine Kindheit, wie sie schöner nicht hätte sein können. Wir, meine Eltern und meine beiden älteren Geschwister, lebten in einem kleinen Haus in Hamburg-Niendorf. Zugegeben in der Einflugschneise des Flughafens, aber vielleicht habe ich daher die Affinität zum Fliegen.

Von meinem sechsten bis zehnten Lebensjahr ging ich auf die Grundschule. Hier entdecke ich unter anderem meine Begeisterung für den Sport. Die Note 1 in Sport zog sich durch meine gesamte schulische Laufbahn. Ich war schon immer begeistert davon, Dinge auszuprobieren. Wie wahrscheinlich die meisten Jungen in meinem Alter wollte ich Feuerwehrmann, Polizist oder auch Busfahrer werden. Einmal hatte ich mir in den Kopf gesetzt, einen Bus zum Spielen zu bauen, den wir hinter dem Fahrrad herziehen würden. Zusammen mit meinem Bruder werkelte ich los. Nach einem Tag war der „Bus" nur halb fertig, aber bereits so schwer, dass es unmöglich gewesen wäre, diesen überhaupt zu bewegen. Mein Bruder und ich sahen uns an und fingen an zu lachen. Am nächsten Tag zerlegten wir das Gefährt wieder in seine Einzelteile.

Mit zehn Jahren kam ich aufs Gymnasium Dörpsweg in Hamburg-Eidelstedt. Das Tempo und der Druck des Lernens machten mir sichtbar zu schaffen. Was mich jedoch faszinierte: Das Gymnasium war bekannt für seine erfolgreichen Basketballmannschaften. Genau mein Ding, dachte ich. Somit trat ich in den Eidelstedter Sportverein ein und der Sport dominierte fortan mein Leben. Auch hier hatte ich schnell das Gefühl, da geht noch was.

Neben dem Training in meiner eigenen Mannschaft trainierte ich später noch bei einer Herrenmannschaft, coachte eine Jugendmannschaft und absolvierte meine Schiedsrichterprüfung. In dieser Zeit gab es keinen Tag, an dem Basketball in meinem Leben keine Rolle gespielt hätte. Mittlerweile waren wir in ein schönes neues Reihenendhaus nach Hamburg-Schnelsen gezogen. Es war ein Herzenswunsch meines Vaters, das Haus während des Baus zu begleiten. Wir hatten viel Platz, und jeder bekam ein eigenes Zimmer.

Mein Vater war immer ein großes Vorbild für mich. Ein Macher, der sichtbar viel erreichte. Als Geschäftsführer eines Unternehmens hat er viel gearbeitet. Er wollte uns viele unserer Wünsche erfüllen. Ich war gerade auf das Gymnasium gekommen, als mein Vater in der Firma unerwartet umkippte. Die Diagnose war vernichtend: Krebs.

Aber kann man als Zehnjähriger wirklich schon verstehen, was das bedeutet? Ich sollte es in den kommenden zwei Jahren am eigenen Leib spüren. Plötzlich bestand mein junges Leben aus drei Aufgaben: Schule, meinen Vater im Krankenhaus besuchen und Basketball. Diese Belastung ging nicht spurlos an mir vorüber. Meine Leistungen und Noten auf dem Gymnasium wurden immer schlechter.

Dann kam der 15. Januar 1981. Es war ungewöhnlich, dass die ganze Familie an diesem Abend zu Hause war – bis auf meinen Vater, der ja im Krankenhaus lag. Wir sahen fern. Es war kurz vor 22 Uhr, als wir den Fernseher ausschalteten und schlafen gehen wollten. Gerade als wir an dem Sekretär vorbeigingen, auf dem das Telefon stand, klingelte es. Ein Moment, wie ich ihn noch nie in meinem Leben erlebt hatte. Es klingelte, und wir sahen uns sekundenlang, gefühlt minutenlang an. Wir fühlten sofort, was geschehen war. Meine Mutter nahm den Telefonhörer ab, sah wie versteinert zu uns Kindern und nickte dann mit dem Kopf. Wenige Sekunden später liefen ihr die Tränen übers Gesicht. Mein Vater war gestorben.

Diesen Augenblick werde ich mein Leben lang nicht vergessen. Nach zwei Jahren hatte er den Kampf ums Überleben verloren. Das Leben ist doch kein Kampf, darf kein Kampf sein. Am Ende wog er gerade mal noch 45 Kilo. Es war aber auch eine Erlösung für uns alle, vor allem für meinen Vater. Von diesem Zeitpunkt an änderte sich mein ganzes Leben.

Jeder von uns ging anders mit der Trauer um. Meine Mutter stand vor der Aufgabe, nachdem sie lange Hausfrau und Mutter gewesen war, nun das Fortbestehen der Familie zu sichern. Das war nicht einfach, da sie nur wenig in die finanziellen Dinge involviert gewesen war. Dazu lag eine hohe Hypothek auf dem Haus. Plötzlich gab es nicht mehr die sorglose Familie, sondern es begann der nächste Kampf – der Überlebenskampf. Zu diesem Zeitpunkt war ich 12, mein Bruder 15 und meine Schwester 19 Jahre alt, meine Mutter war am Boden zerstört und am Ende ihrer Kräfte.

Zu diesem Zeitpunkt konnte ich noch nicht verstehen, dass mein Unterbewusstsein die Rolle meines Vaters einnehmen sollte. Von nun an ging jeder seinen Weg, so gut er konnte. Für mich bedeutete dies, schneller erwachsen zu werden als Gleichaltrige. Dies war später nicht immer nur von Vorteil, aber ich war ihnen sehr weit voraus. Ich habe mich selbstständig mit Bus und Bahn fortbewegt, als Freunde noch nicht einmal wussten, wie sie überhaupt eine Fahrkarte lösen konnten.

Weil ich nach dem Tod meines Vaters wochenlang nicht in der Schule gewesen war, nahm meine Mutter mich vom Gymnasium und meldete mich auf einer Realschule an. Langsam bekam ich wieder Luft zum Atmen und erstickte meinen Schmerz im Sport. Meine Mutter nahm einen Job bei einer Gebäudereinigungsfirma an und reinigte fortan in den frühen Morgen- und späten Abendstunden Büros. Ich begleitete sie, so oft ich konnte, um ihr zu helfen. Soweit man als Kind wirklich helfen kann. Meine Mutter hatte nie einen Führerschein gemacht, wodurch die An- und Abfahrten immer sehr beschwerlich waren.

In der Realschule fing ich mich wieder und schloss diese mit der Gesamtnote 1,7 ab. In mir spürte ich mehr und mehr den Kämpfer, wie es mein Vater für mich gewesen war. Den Unterschied zwischen Kämpfer und Macher verstand ich erst viele Jahre später. Ich nahm mir vor, im Anschluss mein Fachabitur auf einer Höheren Handelsschule mit einer guten Note zu bestehen.

Mein nächstes Ziel hatte ich bereits fest vor Augen: mit 18 den Führerschein besitzen und ein eigenes Auto haben. Den Führerschein schaffte ich bereits vor meinem 18. Geburtstag, das Auto hatte ich mit 19. Wo ich vor Jahren noch die Unterstützung meiner Eltern erfahren hätte, war mir klar, dass ich nun selbst aktiv werden musste. Auch, um meine Mutter weiterhin bei den finanziellen Belastungen zu unterstützen. Somit war mir auch klar, dass ich auf ein Studium verzichten und durch eine Berufsausbildung das erste Geld verdienen würde.

Leichter gesagt als getan, denn auch damals war es nicht einfach, einen Ausbildungsplatz zu finden. Schon gar nicht den, den ich unbedingt haben wollte. Für mich gab es nur ein Ziel: Ich wollte Werbekaufmann werden. Fasziniert von der mir bis dahin bekannten Werbewelt sollte ich Jahre später erfahren, wie menschlich krank diese Branche ist. Themen wie Wertschätzung sind leider eher oberflächliche Augenwischerei. Ausnahmen bestätigen natürlich wie immer die Regel, aber dazu später mehr.

Insgesamt dauerte es zwei Jahre, bis ich einen Ausbildungsplatz zum Werbekaufmann bekam. Es war klar, dass ich die Zeit bis zum Beginn nicht mit Nichtstun verstreichen lassen konnte. Ein anderer Beruf kam für mich nicht in Frage, so sehr war ich fokussiert auf den Beruf des Werbekaufmanns. Also ging ich los und suchte mir zur Überbrückung einen Job. Ich fand ihn beim Network Courier Service, einer späteren Tochter von DHL. Dort packte ich am Abend für den Overnight-Versand die einzelnen Sendungen der Kunden, nach Städten sortiert, in ein großes Paket, das dann seine Reise mit der Bahn zu den Kurierpartnern in ganz Deutschland antrat. Auch hier legte ich ein übersteigertes Engagement an den Tag, was meinem Chef nicht verborgen blieb.

Als Aushilfe wurde ich nach Stunden bezahlt, und so verdiente ich mein erstes Geld. Und es war nicht wenig. Nach nur einem halben Jahr verließ der Leiter des innerdeutschen Versands das Unternehmen von jetzt auf gleich. Um den Supergau zu verhindern, handelte die Geschäftsführung und machte mich zum Leiter des innerdeutschen Versands. Denn keiner kannte die Abläufe und die Kunden besser als ich. Von der Aushilfe in eine Führungsposition, mit rund 200 Kurierfahrern unter mir und einem attraktiven Gehalt. Was für ein Start ins Berufsleben!

Meine Leidenschaft Basketball kam vollständig zum Erliegen. In dieser Zeit gründete ich auch mein erstes eigenes Unternehmen. Es kam immer wieder vor, dass Kunden noch Sendungen zu verschicken hatten, die Züge aber bereits abgefahren waren. Somit gründete ich den Overnight Direkt Service. Ich setzte mich persönlich ins Auto und fuhr die Sendungen an die Empfänger in ganz Deutschland aus. Einer meiner ersten Kunden war das SAT1 Frühstücksfernsehen, das damals teilweise noch in Hamburg produziert und über Berlin ausgestrahlt wurde.

Jedes Mal, wenn es Leitungsprobleme gab, mussten die Sendekopien bis zum Start am Morgen in Berlin sein. Heute kann ich nicht mehr sagen, wie ich es geschafft habe, in einer Nacht nach Frankfurt und zurückzufahren und am nächsten Morgen wieder am Schreibtisch zu sitzen. Ganz abgesehen von den Verkehrsregeln, die ich gebrochen habe. Aber durch seine Aufgaben wächst man im Leben über sich selbst hinaus.

Dann kam der Zeitpunkt, meine Ausbildung zum Werbekaufmann zu beginnen. Eine von vielen wichtigen Entscheidungen in meinem Leben. Sollte ich wirklich diesen Rückschritt machen, von einem guten Gehalt auf rund 600 DM monatlich? Von der Führungskraft zum Auszubildenden? Meine eigene Firma wieder schließen? Ich tat es, weil man ja in Deutschland eine Ausbildung braucht, wie mir von allen Seiten suggeriert wurde. Auch hier brach mein Ehrgeiz durch, und ich verkürzte die Ausbildung von drei auf zwei Jahre. In der Berufsschule und auch im Umgang mit meiner Person war ich oft nicht nur unterfordert, sondern ich langweilte mich auch.

Nun war ich ausgebildeter Werbekaufmann und ich scharrte mit den Hufen, um in die große Werbewelt einzutauchen. Ich bekam sofort im Anschluss einen Job als Produktioner in einer Werbeagentur. Ein Produktioner ist für die Umsetzung der Ideen von Kreativen und Textern zum Endprodukt verantwortlich. Also immer das letzte Glied in der Kette und der „Agenturarsch" mit dem höchsten Druck. In den kommenden Jahren sollte ich schmerzhaft lernen, wie groß der Unterschied zwischen Schein und Sein ist.

Schnell machte ich mir in der Branche einen Namen, da ich immer gut im Netzwerken war. So wurde ich abgeworben und ging von Agentur zu Agentur. In mir stieg eine ungewohnte Unruhe auf. Ich war wie getrieben, fand es toll, bis nachts um drei Uhr in der Agentur zu sitzen und übersah, wie sich meine damaligen Freunde von mir entfernten. Immer öfter litt ich unter meinem übersteigerten Perfektionismus und es fiel mir schwer, mich Vorgesetzten unterzuordnen. Das galt besonders, da ich bereits zu diesem Zeitpunkt einen ausgeprägten Gerechtigkeitssinn hatte. Was andere nicht aussprachen, sprach ich aus und bekam dafür die Quittung und manchmal die Kündigung.

Es war der 15. Januar 1991. Der zehnte Todestag meines Vaters. Etwas passierte in und mit mir, und ich konnte es nicht kontrollieren. Ich meldete mich an diesem Tag krank und fuhr wie in Trance an das Grab meines Vaters. Dieses Gefühl hatte ich schon einmal erlebt damals, als das Telefon klingelte und wir informiert wurden, dass er soeben verstorben war. Mir wurde flau im Magen, ich hatte einen Kloß im Hals, und als ich an seinem Grab ankam, brach ich unter Tränen zusammen. Ich kann heute nicht mehr sagen, wie lange ich so vor seinem Grab kniete und nicht aufhören konnte zu weinen. Aber es muss lange gewesen sein.

Exakt an seinem Todestag, zehn Jahre nach seinem Tod, kam alles aus mir heraus. Mir wurde klar, warum ich bei jeder Krankenhausszene im Fernsehen in Tränen ausbrach. Meine Trauer verwandelte sich in Wut. Wut auf meinen Vater, der all die Jahre nicht für mich dagewesen war. Wut, weil ich so viele Dinge schmerzvoll erfahren musste und er mich nicht davor geschützt hatte. Und ich lernte die erste wichtige Lektion meines Lebens: zu vergeben!

Nach diesem Vorfall war ich nie wieder an seinem Grab, weil ich nur noch einen wundervollen Menschen in meinem Herzen haben wollte. Mein Vorbild. Aber es sollte erst der Beginn einer weiteren schmerzvollen Zeit sein, wie ich später erkannte. Heute würde man sagen, ich hatte einen Erschöpfungszustand oder besser einen Burnout. Am nächsten Tag kündigte ich meinen Job, ohne zu wissen, wie es weitergehen sollte. Ich saß stundenlang regungslos an der Hamburger Außenalster und starrte auf das Wasser. Mein Kopf war einfach nur leer. Mein Trieb, perfekt zu sein, hatte mich an den Rand meiner Kräfte geführt. Heute weiß ich: Ich wollte nur meinem Vater beweisen, wie stark ich bin und eines von ihm bekommen – Lob. Zu diesem Zeitpunkt hatte ich das dritte magische Erlebnis in meinem Leben. Es gibt die schöne und wahre Weisheit:

> „Immer wenn du denkst, es geht nicht mehr,
> kommt von irgendwo ein Lichtlein her."

Genau so geschah es mir. Ich saß an der Alster, als mein Telefon klingelte. Ich hatte bereits ein Handy, was von meinen Vorgesetzen gar nicht gerne gesehen wurde, weil es nach ihren Vorstellungen nur ihnen vorbehalten sein sollte. Ich ging ran, und es war der Seniorchef der Agentur, in der ich gekündigt hatte. Er lud mich zu sich nach Hause ein. So viel Güte und Menschlichkeit hatte ich die letzten zehn Jahre nicht erlebt. Ich erzählte ihm meine Geschichte und bekam Verständnis, Anerkennung und Wertschätzung für mich und meine Situation. Und ich bekam noch mehr. Aus diesem Treffen entwickelte sich der erste Mentor meines Lebens. Was ich diesem Mann zu verdanken habe, würde den Platz in diesem Buch sprengen. Er war für mich nicht nur Mentor, Sparringspartner und Motivator, sondern auch ein Stück Vater, den ich so viele Jahre so schmerzlich vermisst hatte. Leider ist auch er inzwischen von uns gegangen, aber seine Worte trage ich in meinem Herzen bei mir:

> „Wenn keiner an dich glaubt, glaube du doppelt an dich. Stehe auf, komm ins Handeln und sage: jetzt erst recht!"

Danke Peter, du hast mich zurück ins Leben geholt. Denn das Leben musste weitergehen, und ich sah in der W&V, einer Fachzeitung für die Werbebranche, eine Stellenanzeige: Gesucht wird ein European Business Manager in einer deutschsprachigen Werbeagentur in Palma de Mallorca.

Warum hatte ich diese Stellenanzeige gelesen? Zufall? Nein, mit meiner heutigen Erfahrung als Mentalcoach und den Erkenntnissen der Hirnforschung weiß ich, dass es keinen Zufall gibt. Ich bewarb mich. 14 Tage später war ich zum Vorstellungsgespräch auf Mallorca. Weitere drei Wochen später zog ich nach Spanien. Es war ein komisches Gefühl, Deutschland mit einem One-Way-Ticket zu verlassen und von der einzigen Freundin verabschiedet zu werden, die mir noch geblieben war.

Der Hauptkunde der Agentur war ein deutsches Pharmaunternehmen, dessen Expansion in die Niederlande, nach England und nach Brasilien vorzubereiten war. Dies war also nun meine neue Herausforderung. Die ersten vier Wochen auf Mallorca waren für mich die Hölle auf Erden. Obwohl ich sehr nett in der Agentur empfangen wurde und schnell Anschluss bei den Kollegen fand, wohnte ich die ersten Wochen in einer billigen Absteige. Da war ich nun mit zwei Koffern und einem Umzugskarton. Mein ganzes Leben war darin. Und ich fragte mich mehr als einmal, ob dies die richtige Entscheidung gewesen war. Da fiel mir wieder der Satz ein, den mein Mentor mir mit auf den Weg gegeben hatte:

> „Fehler zu machen ist situationsbedingt und gehört zum Leben dazu. Es gilt, immer einmal mehr aufzustehen, als man hingefallen ist."

Also sagte ich mir: „Hey, du lebst jetzt auf Mallorca. Sonne satt, warme Temperaturen und das Mittelmeer vor der Tür. Was willst du mehr?" Damals herrschten auch im Winter sehr angenehme milde Temperaturen. Ich hatte angefangen, anders zu denken, positiv zu denken. Und mein Leben begann sich zu verbessern. Ich fand eine Wohnung und genoss es, am Morgen mit Inlineskates oder dem Fahrrad in die Agentur zu fahren. Am Wochenende lag ich am Strand oder grillte mit den Kollegen, die zu Freunden wurden. Ich muss gestehen, dass wir überwiegend unter uns blieben, es war nicht leicht, bei Mallorquinern Anschluss zu finden. Dies sollte später noch eine wichtige Rolle spielen.

Nach einiger Zeit entschloss sich das Pharmaunternehmen, vorerst nicht wie geplant zu expandieren. Da nun meine Position in der Agentur überflüssig wurde, bot man mir ein eigenes Unternehmen als geschäftsführender Gesellschafter an. Es war ein ganz neuer und spannender Bereich in der Produktentwicklung. Ich zog aus meiner Wohnung aus und in eine größere in einem exklusiven Villengebiet am Rande von Palma. Fortan begann mein Tag damit, bei strahlendem Sonnenschein und einem guten Kaffee von meinem Balkon aufs Mittelmeer zu schauen und die morgendliche Fähre von Barcelona nach Palma willkommen zu heißen.

Eine ganz neue Welt eröffnete sich mir, in der ich viel reisen durfte und mit interessanten Menschen auf der ganzen Welt in Kontakt kam. Ich kam meiner Begabung, etwas von null bis zur Marktreife zu entwickeln, sehr nah. In dieser Zeit durfte ich eine der ersten Aloe Vera-Kosmetiklinien entwickeln, die es auf dem Markt gab. Diese Arbeit führte mich bis nach Brasilien zu Aloe Vera-Plantagen. Besonders die Zusammenarbeit mit Universitäten in Deutschland hat mir viel Freude bereitet.

In dieser Zeit wurde mir zum ersten Mal bewusst, wie stark die Außenwirkung Menschen beeinflusst. In der Regel bin ich am Sonntagabend nach Deutschland geflogen und habe stets in exklusiven Hotels gewohnt. Mit dem entsprechenden Mietwagen ging es dann bis Donnerstagabend von Termin zu Termin durch ganz Deutschland.

Immer wenn ich meine Visitenkarte überreichte, auf der als Anschrift Palma de Mallorca stand, lächelten meine Gesprächspartner und hatten sofort eine Geschichte zu Mallorca zu erzählen. Ich gebe zu, diese Harmonie habe ich wirklich sehr genossen und dies nur, weil auf der Visitenkarte Palma de Mallorca stand. Insgesamt verbrachte ich fast sechs Jahre auf der Sonneninsel.

Zum Ende meines Aufenthaltes ergab es sich, dass fast alle meine Kollegen und Freunde die Insel aus unterschiedlichen Gründen wieder verließen. Hier wurde mir auch klar, dass ich bisher zu Einheimischen fast gar keinen Kontakt hatte aufbauen können. In mir kam langsam die

Angst auf, als Letzter auf der Insel zu bleiben – und somit ein Gefühl des Alleinseins.

Aber statt mich zu lähmen inspirierte mich diese Situation nachzudenken, was ich in meinem Leben ändern könnte. Ich fing an zu notieren, was ich bereits besitze. So wie ich es von meinem Mentor gelernt hatte. Dann dachte ich darüber nach, was mir fehlte, um meinen Wünschen und Begabungen noch näherzukommen. Ich wollte etwas mit Menschen machen und durch meine Tätigkeit Freude verbreiten.

Es kam der Tag, an dem ich die letzte gute Freundin mit dem Auto zurück nach Deutschland begleitete und dann wieder nach Mallorca flog. An diesem Tag setze ich mich zum Sundowner an meinen Lieblingsplatz und schaute diesem emotionalen Schauspiel zu. Im Gepäck eine gute Flasche Rotwein, Manchegokäse, Oliven, Chorizowurst und Baguette. Und dann kam mir die Idee, die der Beginn meines heutigen Schaffens war.

Ich gründete eine VIP-Gäste-Betreuung für wohlhabende Mallorca-Urlauber. Ich war Ansprechpartner für einfach alles, von der Unterkunft über den Transfer, Tagesausflüge, Geheimtipps für Restaurants bis zum Yachtcharter oder Heli-Shopping auf Ibiza. Es gab keinen Wunsch meiner betuchten Kunden, den ich nicht erfüllen konnte. Die besondere Erfüllung durch diesen Job lag darin, dass ich nicht nur sehr gutes Geld verdient habe, sondern dass es nicht dieses Gefühl von Dienstleister und Kunde gab. Wenn die Kunden eine Yacht über mich buchten, dann war ich mit dabei. Ich organisierte das Catering, beschäftigte die Kinder und durfte den Abend mit viel Lob für den gelungenen Tag zusammen mit meinen Kunden in teuren Restaurants ausklingen lassen. In dieser Zeit fühlte ich mich rundherum wohl. Dachte ich.

Es sollte sich nach einiger Zeit herausstellen, dass ich noch nicht am Ende meiner Reise angekommen war. Ich liebte diesen Job und das Leben als erfolgreicher Unternehmer. Da ich, wie ich heute weiß, aber nur hörte und sah, was ich sehen und hören wollte, wurde mir erst nach einiger Zeit etwas klar: Egal, wie lange ich meine Gäste betreuen durfte, ob einen Tag oder mehrere Wochen, öffneten sich diese mir gegenüber sehr schnell und vertrauten mir auch die intimsten Inhalte an. Wie sollte ich damit umgehen? Ratschläge erteilen, nur zuhören oder ihre Worte einfach überhören?

Diese Erkenntnis ließ mich nicht los, und ich begann zu recherchieren, warum wir Menschen tun, was wir tun. Hier kam ich das erste Mal mit der Neurowissenschaft, also der Hirnforschung, in Kontakt. Sie faszinierte mich und hat mich bis heute nicht mehr losgelassen. Ich studierte, recherchierte und verschlang förmlich jedes Buch zu diesem Thema. Ich verglich die Unterschiede zwischen amerikanischen Veröffentlichungen wie *Denke nach und werde reich* oder *The Secret* und deutschen Veröffentlichungen wie *Das Gesetz der Resonanz.*

Mir wurde klar, dass diese hochkomplexen Informationen aus der Hirnforschung nur dann zur Verbesserung eines Lebens beitragen können, wenn sie in einer einfachen und verständlichen Sprache kommuniziert werden.

Dann fing ich an, die vorhandenen Coachingmethoden zu studieren. Ich wollte nicht etwas anbieten, was schon viele andere anboten. Jede Methode hatte für sich genommen ihre Berechtigung, aber dennoch genügten sie mir nicht für das, was ich vorhatte. Von Tag zu Tag wurde mir klarer, dass ich endlich meine Berufung gefunden hatte, die ich von nun an zu meinem Beruf machen wollte.

Ich begann meine eigene Coachingmethode zu entwickeln, nach der ich in Zukunft meine Klienten auf ihrem Weg durchs Leben begleiten wollte. Für mich war klar, dass ich meinen Klienten nie eine Methode, sondern praktische und nachhaltige Unterstützung auf Basis der stets aktuellen Hirnforschung verkaufen wollte. Dies erlaubt mir seit nun mehr als 15 Jahren mit meinem Unternehmen LifeB, Klienten von Hamburg aus in der ganzen Welt ein Stück ihres Weges begleiten zu dürfen.

Und dafür bin ich jeden Tag dankbar.

Ich nutze die Ruhe der Insel, der Isla de la Calma, wie sie auch genannt wird und bereitete mich optimal auf meine neue Herausforderung vor. Und plötzlich konnte ich sogar erkennen, dass der derzeitige Zustand ohne Freunde mir nicht nur die Zeit und Ruhe zur Vorbereitung gab, sondern dass in mir eine Vorfreude entstand, nach Deutschland zurückzukehren. Abgesehen von den vielen Annehmlichkeiten, die uns Deutschland bietet, gebe ich zu, dass ich natürlich Sonne, Strand und Meer sowie die südländische Lebensart vermisse. Neben meinen geschäftlichen Reisen als Keynote Speaker, Buchautor und Mentalcoach reise ich, so oft es geht, einfach der Sonne entgegen oder hinterher.

Seit dem Jahr 2000 lebe ich nun wieder in Hamburg und begleite als Mentalcoach nicht nur Führungskräfte und Mitarbeiter von Unternehmen, sondern auch Personen des öffentlichen Lebens wie Schauspieler, Moderatoren und Musiker. Nach mehr als 15 Jahren intensiver und erfolgreicher 4-Augen-Coachings bereiten mir Seminare und Vorträge sehr viel Freude. Seit dem Jahr 2015 ist es meine Hauptaufgabe, Freude und Fachwissen vor großem Publikum amüsant zu präsentieren, sei es im Hörsaal einer Universität oder auf der Bühne. Ich würde mich freuen, Sie in einem meiner Auftritte amüsant zu unterhalten und Ihnen wertvolle Empfehlungen an die Hand zu geben, warum Sie leben, wie Sie leben und wie Sie das Maximale aus Ihrem Leben machen können.

Reisevorbereitung: Sich selbst erkennen

Wer etwas ändern will, sei es das gesamte Leben, eine negative Gewohnheit oder Prozessabläufe in Unternehmen, der sollte nicht sofort den Vorwärtsgang einlegen. Für eine erfolgreiche Änderung einer Verhaltensform, Kommunikation oder Handlungsweise ist es notwendig, zu Beginn in den Leerlauf zu schalten.

Setzen Sie sich zuerst intensiv mit diesen Fragen auseinander:

- *Wer bin ich?*
- *Wo stehe ich jetzt?*
- *Was habe ich bisher erreicht und was besitze ich bereits?*
- *Was will ich erreichen?*

Diese Selbsterkenntnis ist wichtig und notwendig, damit Sie vorhandene Ressourcen und Begabungen nicht übergehen, die für Ihre Neuausrichtung dann nicht zum Tragen kommen würden. Hier liegt bereits der Grundstein für Ihren Persönlichkeitserfolg.

Dies kann ein ganz kleiner Erfolg durch eine Erkenntnis sein bis hin zu einem großen finanziellen Erfolg für Unternehmen, die auf bereits vorhandene und bisher nicht genutzte Ressourcen im Unternehmen zugreifen und davon profitieren.

Sich selbst erkennen hat seinen Ursprung in den eigenen Gefühlen. Wer mit Freude durchs Leben geht, nimmt nicht nur intensiver am Leben teil, sondern ist auch eine Bereicherung für sein Umfeld. Es liegt in der Natur des Menschen, sich nach Anerkennung, Wertschätzung und Lob zu sehnen. Und es ist so einfach, denn ein Lächeln ist immer noch die persönlichste und herzlichste Verbindung zwischen zwei Menschen.

Aller Anfang ist leicht

Ich persönlich liebe diesen Moment, nach der Anmoderation auf die Bühne zu kommen. Dieser Moment, wenn Adrenalin durch meinen Körper schießt, mich lauter kritische Gesichter anblicken und die Front der verschränkten Arme viel über die Erwartungshaltung der Zuhörer aussagt. Körpersprache ist ein wesentlicher Bestandteil unseres Erfolges im Leben. Würde im Hintergrund auf der Leinwand ein Liveticker der Gedanken des Publikums laufen, dann wäre dort sicherlich zu lesen:

+++ Wer hat mich hier angemeldet? +++ Was will der schon Neues erzählen, was ich nicht schon weiß? +++ Hoffentlich fragt er mich nichts oder holt mich auf die Bühne +++ Hoffentlich wird es nicht langweilig +++ Hoffentlich muss ich niemanden anfassen +++ Na, da bin ich ja mal gespannt +++

Haben Sie schon mal auf einer Bühne gestanden oder vor Publikum, Kollegen, Kunden oder Vorgesetzten einen Vortrag gehalten? Wie haben Sie sich gefühlt? Wie war Ihre Körpersprache? Was haben Sie gedacht? Wenn ich auf die Bühne gehe, dann habe ich ein ganz klares Ziel: Ich werde das Publikum unterhalten, Emotionen erzeugen, Freude verbreiten und neue Impulse setzen. Denn dies ermöglicht mir, mein umfangreiches Fachwissen in amüsanter Art und Weise zu vermitteln. Kein langweiliger und trockener Vortrag, sondern Bilder erzeugen, die lange im Gehirn gespeichert bleiben.

Unser Gehirn denkt in Bildern!

Wenn Menschen lachen oder auch vor Glück weinen, dann berühre ich sie, und sie zeigen Emotionen. Das ist die Basis, um etwas zu verändern.

Wann haben Sie das letzte Mal einem Menschen Freude bereitet? Und wann haben Sie sich selbst das letzte Mal eine Freude bereitet? Genau jetzt, wenn Sie dieses Buch lesen. Also achten Sie beim Lesen auf maximale Freude. Haben Sie genug Licht zum Lesen, sitzen oder liegen Sie bequem, können Sie sich auf das Buch konzentrieren oder werden Sie von störenden Einflüssen abgelenkt? Dann verbessern Sie diesen Zustand, bevor Sie weiterlesen und machen Sie es sich so richtig gemütlich. Egal, wo Sie dieses Buch gerade lesen.

Ich möchte Ihnen noch eine Freude machen, indem ich Ihnen an dieser Stelle bereits verrate, dass Ihre Motivation zum persönlichen Glück und Erfolg nichts damit zu tun hat, über heiße Kohlen oder Glasscherben zu laufen. Und dass Sie mit Sicherheit nicht durch die Gegend laufen und wie Flipper *Tschakka*-Laute von sich geben werden. Denn wer will schon jede Woche auf dem Balkon oder der Terrasse über heiße Kohlen laufen? Das wäre dann eine neue Geschäftsidee – Kohle to go!

Eines kann ich Ihnen an dieser Stelle bereits versprechen. Jeder ist in der Lage, sein Leben lebenswerter zu machen und so zu leben, wie er sich sein ganz persönliches Leben vorstellt. Auch Sie! Egal, in welcher Lebenssituation Sie gerade stecken. Ob Sie in finanziellen Nöten sind, Probleme in der Beziehung haben, nicht den Job haben, der Ihnen Freude bereitet oder ein anderes, ganz persönliches Päckchen mit sich herumtragen. Denn: Haben wir nicht alle unser Päckchen zu tragen? Das Leben zu verbessern ist leichter, als Sie denken. Lassen Sie uns beginnen, denn aller Anfang ist leicht!

Das Leben ist kein Glückskeks

Was können Sie von diesem Buch erwarten? Eine ganze Menge. Es kann Ihr Leben grundlegend verbessern oder Sie sehen es nur als eine nette Lektüre an, die Ihnen als Zeitvertreib dient. Dies liegt weniger an meinem Buch als an Ihrer Einstellung. Dieses Buch enthält meine Erfahrungen mit meinen Klienten aus über 15 Jahren Mentalcoaching und Beratungen sowie aus Seminaren und Vorträgen in Unternehmen und Universitäten. Abgerundet wird die Wissensvermittlung durch aktuelle Studien über unser Gehirn, unser Denken und Handeln. Keine Angst, Sie werden sehen, wie Wissenschaft richtig Freude macht und mit den richtigen Worten und den dazugehörigen Bildern im Kopf leicht verstanden werden kann.

Vor allem habe ich dieses Buch geschrieben, um als Autor noch mehr Menschen zu erreichen und als Vortragsredner positive Impulse auf der Bühne zu vermitteln. Dieses Buch geht einen erheblichen Schritt weiter, als nur Impulse zu setzen. Sie finden in den einzelnen Kapiteln Empfehlungen aus meinem Mentalcoaching-Programm. Lesen Sie nicht einfach darüber hinweg, sondern nehmen Sie sich die Zeit, jeder dieser Empfehlungen zu folgen. So entfaltet sich die volle Wirkung dieses Buches.

Das Leben ist kein Glückskeks, wenn Sie nicht selbst aktiv werden. Verschandeln Sie dieses Buch und erhöhen Sie seinen Wert. Jedes Mal wenn ein Text in diesem Buch Sie berührt, zum Nachdenken anregt oder zum Lachen bringt, zeichnen Sie an den Rand einen Smiley.

Somit filtern Sie die für Sie bewegenden Inhalte heraus, die Sie dann kontinuierlich verfolgen werden. Ich freue mich über Ihre Rezension auf Amazon und weiteren Buchvertrieben, Ihre Gedanken auf Facebook, Ihre E-Mails und Briefe oder welchen Weg Sie auch wählen, um mit mir in Verbindung zu treten. Der Dialog mit Ihnen ist mir sehr wichtig. Ich freue mich auf Sie, vielleicht sogar auf eine persönliche Begegnung mit Ihnen.

Wer bin ich?

Ich weiß, dass Sie es wahrscheinlich eilig haben, Ihr Leben zu ändern. Der erste Schritt auf Ihrem Weg der Veränderung ist jedoch kein Schritt. Eher Stillstand. Halten Sie inne und reflektieren Sie, was Sie bereits im Leben erreicht haben, was Sie besitzen und wo Sie stehen.

Lassen Sie uns mit den Informationen in Ihrem Gehirn anfangen, auf die Sie ungehinderten Zugriff haben. Seien Sie gespannt, wie gut Sie sich selbst kennen und wie ehrlich Sie zu sich selbst sind. Dazu halten Sie Zettel und Stift bereit und notieren Ihre Gedanken. Wir sprechen von Ihren Gewohnheiten oder besser Ihren Paradigmen, gespeichert in Ihrem Unterbewusstsein. Tägliches Handeln, über das Sie nicht mehr bewusst nachdenken, positives und negatives Handeln, das Ihr Leben tagtäglich bestimmt.

Teilen Sie den Zettel in eine linke und eine rechte Spalte auf. Auf der linken Seite notieren Sie als Überschrift: „Was ich nicht mehr in meinem Leben möchte“ und auf der rechten Seite: „Was ich von meinem Leben erwarte.“ Und nun beginnen Sie, Ihr derzeitiges Leben mit den Erfahrungen der Vergangenheit aufzuschreiben. Sie fühlen eine Leere in Ihrem Kopf? Keine Angst, so empfinden die meisten Menschen, die sich dieser Aufgabe stellen. Es dauert nur einen kurzen Moment, bis die ersten Worte den Weg auf das Papier finden. Wenn Sie eine vertraute Person haben, dann lösen Sie diese Aufgabe gerne zusammen und sprechen Sie miteinander darüber.

Lassen Sie bei dieser Aufgabe Gefühle zu. Denn nur mit logisch-rationalen Gedanken der linken Gehirnhälfte werden Sie dieser Aufgabe nicht gerecht. Ihr innerer Kritiker wird bereits aktiv und je nach Lebenssituation kann er Sie ganz schön unter der Gürtellinie verurteilen. Bei Ihnen fließen ein paar Tränen? Glückwunsch! Dann sind Sie ehrlich zu sich selbst, und Tränen reinigen die Seele. Sie brauchen sich dafür also ganz und gar nicht zu schämen.

Was Freude in uns bewirkt

Wann sind Sie das letzte Mal wie *Hulk* aus dem Bett gesprungen, haben Ihre Zahnbürste zum Mikrofon gemacht und sind zu Ihrem Lieblingssong durch Ihr Zuhause getanzt? Verstehe, Frühsport ist nicht jedermanns Sache und so wirklich daran erinnern können Sie sich auch nicht. Vielleicht kommt sogar die Botschaft: „Wie albern, so was macht man nicht."

Wir Menschen sind extrem beeinflussbare Wesen. Warum machen wir uns dies nicht positiv zunutze, um mehr Freude im Leben zu erfahren? Probieren Sie es aus und strecken Sie nach dem Aufstehen einmal die Arme zur Siegerpose in die Luft. Ihr Gehirn reagiert sofort. Das Aufrichten des Körpers sendet das Signal ans Gehirn: Mir geht es gut. Unbewusst haben Sie diese Geste in vielen Werbespots gesehen, wenn die Sonne durchs Fenster scheint und eine attraktive Frau im Pyjama die Arme in die Luft streckt. In diesem Werbespot geht es mit Sicherheit nicht um ein trauriges Thema.

Genauso wenig werden Sie an einem Samstagabend, wenn Sie mal wieder richtig Spaß haben wollen, Ihr Smartphone schnappen und sagen: „Ok Google, wo ist das nächste Treffen der Spaßbremsen?" Warum beschneiden so viele Menschen ihr Leben, indem sie es in Werktage und Wochenende unterteilen? Noch dazu im negativen Verhältnis von 5:2. Bedeutet auch für Sie Montag bis Freitag Anstrengung, Stress und Pflichterfüllung statt Freude, Spaß und Erfüllung? Aber am Wochenende holen Sie dann alles nach und lassen es so richtig krachen. Und wenn Sie am Freitag eine Grippe kriegen und das ganze Wochenende flachliegen: dumm gelaufen. Das nenne ich mal ein erfülltes Leben.

Die Woche hat sieben Tage und es liegt an Ihnen, unabhängig von Ihrer beruflichen Tätigkeit, jeden Tag zu etwas ganz Besonderem zu machen. Hierzu fällt mir das Zitat von Mark Twain ein, das es perfekt auf den Punkt bringt.

> „Gib jedem Tag die Chance, der schönste deines Lebens zu werden."

Fangen Sie nicht sofort an, Ihr Verhalten zu ändern, sondern ändern Sie zuerst Ihre Haltung!

> **„Was du denkst, bist du, was du bist, strahlst du aus, was du ausstrahlst, ziehst du an.“ (Buddha)**

Auch die Umgebung, in der wir uns aufhalten, verändert unsere Haltung. Ich denke, jeder von uns hat schon mal eine Kirche betreten. Was passiert mit Ihnen, nachdem Sie die schwere Kirchentür geöffnet und den Eingangsbereich durchschritten haben? Richtig, Sie sprechen gar nicht mehr oder flüstern nur noch. Das hat aber niemand ausdrücklich von Ihnen verlangt. Es ist die Wirkung der Kirche, auf die Sie unaufgefordert und sofort reagieren. Dieses Phänomen kennen Sie auch aus Bibliotheken. Gibt es einen Ort in Ihrem Leben, wo Sie dieselbe Stille empfinden, die Ihnen Kraft gibt? Wenn nicht, dann suchen Sie diesen Ort in einem Gebäude oder in der Natur und machen Sie ihn zur Ihrer ganz persönlichen Kraftquelle.

Wenn Sie Freude empfinden, sind Sie aufmerksam. Ihr Gehirn sendet positive Signale an Ihren Körper, der Ihre gefühlte Freude in Aktivität umwandelt. Bestimmt haben Sie auch schon mal in Ihrem Leben gesagt: „Mir geht es so gut, ich könnte Bäume ausreißen.“ Jetzt müssen Sie nicht gleich einen ganzen Wald abholzen, aber wäre das nicht mal wieder ein schönes Gefühl, zu lachen und das Leben in Ihren Adern pulsierend zu spüren? Freude ist ein ganz wichtiger Schritt, Ihr Leben positiv zu verändern.

Motivationsspritze

„Wer immer tut, was er schon kann, bleibt immer das, was er schon ist.“
(Henry Ford)

Erfolgreiche Selbstdarstellung

Immer noch wird äußerlich wirkender Erfolg mit Persönlichkeitserfolg verwechselt, wird das Streben nach Glück durch Statussymbole präsentiert. Die Wahrheit dahinter sieht oft ganz anders aus. Wenn Ihr Ziel finanzielle Unabhängigkeit ist, dann bitte deshalb, weil Sie ein unbeschwertes Leben führen möchten und nicht, um mit Ihrem Reichtum zu protzen. Wer ein exklusives Auto sein Eigen nennen möchte, sollte das aus der Freude an diesem Auto und am Fahren tun und nicht, um sich über Verkehrsregeln hinwegzusetzen oder den Motor aufheulen lassen, während eine Mutter mit Kleinkind auf dem Gehweg vorbeigeht.

Sie dürfen und sollen sogar zeigen, dass Sie glücklich und erfolgreich sind, aber das Geheimnis liegt in der Authentizität. Lassen Sie andere Menschen an Ihrem Erfolg teilhaben und erfreuen Sie sie dadurch, vor allem aber sich selbst. Es kommt nicht auf die Größe an, mit der Sie sich präsentieren, sondern auf die Kraft, die von Ihnen ausgeht.

Was nützt es Ihnen, sich in einer beginnenden Partnerschaft größer und anders zu zeigen, als Sie in Wirklichkeit sind? Sie bauen einen unnötigen Druck auf, unter dem Sie nach einer Weile zusammenbrechen werden, weil Sie bei Ihrem Partner falsche Erwartungen geweckt haben.

Profitieren Sie davon, als Mensch geliebt zu werden und nicht für das, was Sie versuchen darzustellen. Wenn Sie glücklich und zufrieden sind, haben Sie eine anziehende Ausstrahlung und Menschen werden sich gerne mit Ihnen umgeben. Wenn Sie durch eine Pseudo-Selbstdarstellung Anerkennung und Wertschätzung erwarten, können Sie nur enttäuscht werden. Finden Sie heraus, wer Sie wirklich sind und finden Sie Ihren Platz in diesem Leben und der Gesellschaft. Ich unterstütze Sie gerne dabei!

Spieglein, Spieglein an der Wand

Das Geheimnis jeglichen Erfolgs haben Sie schon oft gehört, wenn vielleicht auch unbewusst.

> „Erfolg beginnt im Kopf – Misserfolg auch!"

Das wichtigste Wort in dieser Erkenntnis ist das Wort „beginnt". Denn Misserfolg beginnt ebenso im Kopf. Auf dieses Thema möchte ich gerne zu einem späteren Zeitpunkt noch genauer eingehen. An dieser Stelle gilt:

> „Denken Sie nicht permanent darüber nach, was Sie nicht im Leben wollen, sondern schätzen Sie, was Sie bereits im Leben haben und noch erreichen werden."

Fragen Sie nicht: „Was können die anderen für mich tun?", sondern „Was kann ich tun?" Es liegt in der Natur des Menschen, immer den Weg des geringsten Widerstands zu gehen. Wenn Sie dies bewusst tun, spricht nichts dagegen. Aber leider tun die meisten dies aus Faulheit oder aus Angst. Stellen Sie sich einen Piloten im Cockpit vor, in einer unerwarteten Situation vor. Der kann auch nicht auf den Copiloten oder die Flugbegleiter zeigen und sagen: „Macht ihr mal." Nein, er übernimmt Verantwortung und trifft Entscheidungen. Kurz gesagt, er handelt! Wenn sich etwas in Ihrem Leben bewegen soll, dann sollten Sie sich zuerst bewegen! Es gibt keine Grenzen Ihrer persönlichen Ziele. Grenzen sind nur in Ihrem Kopf. Alles was Sie brauchen, um Ihr Leben so zu leben, wie es Sie ganz persönlich glücklich macht, steckt bereits in Ihnen.

Nur nützt es nichts, wenn Sie tagaus tagein wie Rapunzel in Ihrem Turm des Lebens sitzen und sich einreden, dass Sie glücklich und erfolgreich sind.

Sie dürfen das auch gerne zeigen!

Die Selbstdarstellung macht 60 % Ihrer Wirkung aus, wie Studien belegen. Dabei kommt es nicht auf die Größe der Selbstdarstellung an, sondern auf die Kraft und Überzeugung in Ihnen. Ein Schlepper im

Hafen kann ein großes Schiff bremsen, das aus eigener Kraft mehrere Kilometer zum Anhalten brauchen würde, und es auf der Stelle dorthin führen, wo es hin soll. Der Größe nach ist er ein Winzling im Vergleich zu dem Schiff am Haken, aber es kommt auf die Kraft an. Und die Jungs können damit sogar Ballett tanzen.

Alle Prominenten, die in Ihren Augen erfolgreich sind, sind Meister in der Selbstinszenierung. Besonders deutlich wird diese Selbstinszenierung bei der Familie Geiss, die dadurch sogar zu einer eigenen Fernsehsendung kam, die wöchentlich auf RTL II ausgestrahlt wird. Robert und Carmen Geiss sind zweifelsfrei gute und erfolgreiche Geschäftsleute, aber dies ist ganz und gar nicht Inhalt der Fernsehproduktion.

Sie lassen den geneigten Zuschauer lediglich an Ihren Erfolgen teilhaben und dazu ihr Leben von einem Kamerateam begleiten. Die Menschen bekommen keine Anleitung, wie sie selbst erfolgreich werden können, um so ein Leben im Jetset zu führen. Und doch haben die beiden eine große Fangemeinde, die – für Deutschland ungewöhnlich – den Jetsettern ihren Erfolg gönnt. Einfach nur, weil die Geissens auf ihre Fans sympathisch und authentisch wirken.

Wie wirken Sie auf andere Menschen? Wir wirken immer auf andere Menschen, ob wir wollen oder nicht. Es ist ausschlaggebend, mit welchen Menschen wir uns in unserem Leben umgeben. Fragen Sie sich einmal, wenn Sie auf eine Gruppe von Menschen treffen, zu wem Sie sich hingezogen fühlen. Mit wem beginnen Sie ein Gespräch oder suchen seine Nähe? Sie suchen sich stets das Spiegelbild Ihrer eigenen Persönlichkeit aus!

Negativ eingestellte Menschen fühlen sich wohl unter Menschen, die ebenso denken und fühlen. Sie fühlen sich so richtig wohl, wenn diese sie noch in ihrer Negativität unterstützen. Sie gehen gerne den Weg des geringsten Widerstands, lesen morgens die Tageszeitung, die uns das Leben erklärt, und so funktioniert die Welt dann. Warum eine eigene Meinung haben und das Gelesene hinterfragen, ob es wirklich stimmt? Ach nöö, das ist ja viel zu anstrengend. Sie konzentrieren sich lieber darauf, Personen und Situationen zu verurteilen und kräftig ihren Senf dazuzugeben. Damit ändern sie aber rein gar nichts.

Ihre Probleme hätte ich gerne

Warum lesen Sie dieses Buch? Weil Sie der wichtigste Mensch in Ihrem Leben sind. Sie sind die Nummer 1. Mit all Ihren Stärken und Schwächen. Wir alle machen Fehler. Wir alle haben Schwächen. Ich genauso. Aber genau das unterscheidet einen Menschen von einer Maschine.

„Fehler zu machen ist situationsbedingt und gehört zum Leben dazu. Es gilt, immer einmal mehr aufzustehen, als man hingefallen ist."

Probleme fühlen sich am Anfang immer größer an, als sie in Wahrheit sind. Das ist der Unterschied zwischen Theorie und Realität. Verwandeln Sie Ihren Bauchladen voller Sorgen in einen Strauß voller Wünsche. Denn Probleme sind nichts anderes als unerfüllte Wünsche. Ein Problem ist nie das Problem. Probleme sind Aufgaben die uns das Leben stellt, um über uns nachzudenken, die Richtung zu ändern und anders zu denken.

> „Jedes Mal, wenn du lachst, stirbt irgendwo ein Problem."

Unser Problem ist, dass wir denken, keine Probleme haben zu dürfen. Schon Albert Einstein hatte erkannt:

> „Probleme kann man niemals mit derselben Denkweise lösen, durch die sie entstanden sind."

Also ran an Ihre Aufgabe! Schaffen Sie mehr Freude in Ihrem Leben! Das Leben ist zu kurz, um sich von Menschen stressen zu lassen, die es nicht verdient haben, ein Problem in Ihrem Leben zu sein. Konzentrieren Sie sich ab sofort auf mehr Freude im Leben statt auf Ihre Sorgen. Wer dem Glück mehr Beachtung schenkt, verringert die Sorgen von ganz allein.

Hurra, wir sind Weltmeister

Wir Deutschen haben schwer an unserem Ruf gearbeitet, Nörgler und Pessimisten zu sein. Jahrelanges Training im Mundwinkelrunterziehen in der Akademie für Unfreundlichkeit. Viele laufen permanent mit verschränkten Armen und einem Gesichtsausdruck zum Weglaufen herum. Warum? Sind Sie bereits mit verschränkten Armen auf die Welt gekommen und haben bei der Geburt als erstes gedacht: „Hoffentlich hat der Arzt keine kalten Hände. Dann verklage ich ihn."?

Im Gegenteil. Ach, was war das doch für ein schönes Leben als Baby. Alle haben uns angelächelt und waren freundlich zu uns. Es gab keine Regeln und Vorschriften. Wer pupsen musste, hat gepupst.

Nur ein paar Jahre später, als wir laufen und sprechen konnten, haben wir uns auf die Reise gemacht und sind in den Jammerlappen Express eingestiegen. Als Kind! Immer öfter hörten wir: „Das darfst du nicht; das kannst du nicht; wenn du das und das nicht tust, dann …" Hier hat alles angefangen, wie wir heute leben.

> **Es liegt an Ihnen, ob Sie bis zur Endstation fahren oder aus diesem Zug aussteigen!**

Apropos Zug. Sind Sie schon mal an einem Montagmorgen um 8 Uhr in einer Großstadt mit der U-Bahn gefahren? Wenn Sie da lächeln, laufen Sie Gefahr, aus dem fahrenden Zug geworfen zu werden. Ganz gruselig. Für mich ist Montag daher der „Turtle-Tag". Wenn die Menschen die Schultern hoch- und den Kopf einziehen wie eine Schildkröte. Dazu noch eine nach vorn gebeugte Haltung. Und das ganz ohne Smartphone – geht doch. Und wenn sie nach diesem Eldorado endlich in der Firma oder der Uni angekommen sind denken sie, oh – hier ist wohl die Turtle-Zentrale. Nach sieben Tassen Kaffee hat sich Zombieland endlich in ihren Arbeitsplatz verwandelt. Ist das Leben nicht schön?

Es liegt an Ihnen, ob Sie sich immer wieder solch negativen Umgebungen anschließen oder ob Sie die Notbremse ziehen. Sie werden diese Menschen nicht verändern, und das ist auch nicht Ihre Aufgabe. Aber Sie können Ihr Denken und somit Ihr Handeln ändern. Dann ändert sich auch Ihr unmittelbares Umfeld positiv. Lächeln Sie, was das Zeug hält, trotz der ganzen Zombies um Sie herum. Ich versichere Ihnen, irgendein Lächeln werden Sie zurückbekommen. Ein Lächeln, das zwei Menschen für einen Moment glücklich macht. Und das ist es doch, was Sie sich wirklich wünschen, oder?

Motivationsspritze

„Je weniger du auf negative Menschen reagierst, desto ruhiger und friedlicher wird dein Leben werden."

Bewusster Leben

Nur circa 7 % des Tages leben wir bewusst. In der restlichen Zeit, ganze 93 % des Tages, werden wir durch unser Unterbewusstsein gesteuert. Wenn wir uns das beliebte Eisbergbeispiel vorstellen, dann schaut gerade mal eine kleine Spitze aus dem Wasser. Der Rest liegt unsichtbar unter der Wasseroberfläche.

Positive Gewohnheiten, die unseren Alltag bestimmen und über die wir nicht bewusst nachdenken müssen, um eine Handlung auszuführen, erleichtern uns das Leben. Zum Beispiel müssen Sie nicht darüber nachdenken, ob Sie sich Schuhe anziehen, bevor Sie das Haus verlassen. Wie verhält es sich aber mit dem wesentlich größeren Anteil an negativen Gewohnheiten? Den Selbstzweifeln, die sich meistens in der Erkenntnis offenbaren, ein Ziel nicht erreichen zu können und einfach nicht zu wissen, warum dies so ist. Die Quelle ist stets der Erfahrungsstand, den Sie bis jetzt, wo Sie dieses Buch lesen, erreicht haben. Was hat Sie in Ihrem bisherigen Leben geprägt und noch viel wichtiger: Wie gehen Sie damit um?

Bewusster zu leben bedeutet Ballast abzuwerfen und sich auf die wirklich wichtigen Dinge im Privaten und Beruflichen zu konzentrieren. Sich dem Druck der Gesellschaft, der Medien oder des eigenen Kritikers erfolgreich zu widersetzen. Ich spreche hier nicht von Perfektionismus, sondern von bewussten Entscheidungen in möglichst vielen Momenten Ihres Tages. Entscheiden Sie im wohlverdienten Urlaub gleich zu Beginn ganz bewusst, heute einfach mal alles auf sich zukommen zu lassen und nur das zu tun, worauf Sie Lust haben.

Stellen Sie sich einmal die Frage, und bitte seien Sie dabei ganz ehrlich zu sich selbst: „Lebe ich oder werde ich gelebt?“ Wenn Ihre Antwort mehr zum Letzteren tendiert, dann freuen Sie sich auf interessante Erkenntnisse in den nächsten Kapiteln. Leben Sie ab jetzt jeden Tag ein Stück bewusster. Es lohnt sich!

Das Glück zwischen den Händen

Ich habe eine gute Nachricht für Sie: Das war nicht immer so. Wir haben uns viel Mühe gegeben zu lernen, so zu werden. Denn wir haben uns zu einer logisch-rationalen Gesellschaft entwickelt, in der wir nur noch sehen und hören, was wir sehen und hören wollen. Ich möchte Ihnen dies kurz demonstrieren.

Strecken Sie bitte mal Ihre linke Hand aus.

Das mag eine etwas ungewöhnliche Aufforderung beim Lesen dieses Buches sein, aber machen Sie mal mit, es ist wichtig für den „Aha"-Effekt.

Also: Wenn ich es Ihnen gleich sage, dann legen Sie das Buch beiseite, damit Sie beide Hände frei haben. Und strecken Sie, wie gesagt, Ihre linke Hand aus, auf Augenhöhe, die Finger leicht nach oben gebogen. Schauen Sie sich Ihre Hand genau an, die Fingernägel, die Finger selbst, die Haut, alles, was es da so zu sehen gibt. Lassen Sie Ihren Blick auf der linken Hand und strecken Sie die rechte Hand auf die gleiche Weise aus. Lassen Sie circa 50 cm Platz zwischen Ihren Händen. Und nun lassen Sie Ihren Blick nach einigen Sekunden hinüberwandern. Schauen Sie sich Ihre rechte Hand genauso an wie die linke, die Finger, die Nägel, die Haut. Dann erst lesen Sie weiter.

Jetzt.

Nein wirklich, tun Sie, was ich Ihnen eben beschrieben habe. Jetzt!

Okay, alles klar.

Und nun sagen Sie mir bitte ganz spontan und ohne zu überlegen, woran Sie gedacht haben, als Ihr Blick sich zwischen Ihren beiden Händen befunden hat. An nichts? Machen Sie sich keine Sorgen: Das ist die häufigste Antwort. Genau davon handelt dieses Buch. Von Ihrem Persönlichkeitserfolg, den Sie noch nicht sehen können, aber am Ende genießen werden.

Wir sehen nur die linke oder die rechte Hand. Und wenn wir dann auch noch gesagt bekommen, was wir zu tun haben, dann sehen wir wirklich nichts anderes mehr – der gesamte Raum dazwischen findet nicht statt. Was aber, wenn dieser Raum zwischen den Händen der Partner Ihres

Lebens ist? Die Chance, auf die Sie gewartet haben? Das Jobangebot, auf das Sie immer gehofft haben? Der Geschäftsabschluss, auf den Sie hingearbeitet haben? Sie sehen es nicht. Warum das so ist, wurde wissenschaftlich belegt und wird in den nächsten Kapiteln ausführlich erklärt. Nur so viel, es geht um unser Gehirn und wie wir es nutzen!

Erweitern und trainieren Sie Ihr Bewusstsein. Lernen Sie, zwischen den Händen zu sehen. Denn dort finden Sie Ihr Glück und Ihren persönlichen Erfolg.

Motivationsspritze

„Niemand, der sein Bestes gegeben hat, hat es später bereut."
(George Halas)

Ich bin ich, und das ist auch gut so

Wohin hat uns dieses Schwarz-Weiß-Denken geführt? Übersteigerter Perfektionismus, Kopfschmerzen statt Lachen, Stress statt Spaß, Burnout statt Burn-on. Wir bauen uns selbst so viel Druck auf und vergessen dabei: So wie ich bin, bin ich gut.

Die aktuelle DAK-Studie 2015 über Medikamentenmissbrauch im Beruf belegt, dass knapp drei Millionen Menschen in Deutschland verschreibungspflichtige Pillen schlucken, um am Arbeitsplatz leistungsfähiger zu sein und Stress sowie Ängste abzubauen. Wie bitte? Drei Millionen zu viel. Die Dunkelziffer sei laut Experten noch viel höher. Ein gefährliches „Hirndoping" über das Sie, wenn Sie sich jetzt ertappt fühlen, wirklich ernsthaft nachdenken sollten.

Sagen Ihnen Nebenwirkungen wie Herzrhythmusstörungen, Schwindel, Kopfschmerzen, Nervosität und Schlafstörungen etwas? Auf diesem Weg werden Sie nie den Persönlichkeitserfolg erleben, den Sie sich im Inneren Ihrer Seele wirklich wünschen.

Wenn der Auslöser dauerhafter Leistungsdruck, Stress oder Überlastung ist, dann treten Sie umgehend auf die Bremse, bevor Ihr Körper dies tut. Ach, hat er schon? Einen leichten oder heftigeren Schuss vorn Bug. Na was ist schon ein Tinnitus, Hörsturz, Schlaganfall oder Herzinfarkt. Fragen Sie sich besser, was Ihnen Ihr Leben wert ist! Es geht um Ihre innere Haltung und mehr Eigenverantwortung. Der Weg lohnt sich, gehen Sie ihn.

Keiner ist fehlerfrei. Sie brauchen kein Supertalent zu sein, kein Topmodel, und Sie müssen auch nicht ins Dschungelcamp einziehen. Stehen Sie zu sich selbst und machen Sie das Beste aus Ihrem Leben.

Es ist gar nicht notwendig, mit dem Superman-Kostüm Ihrer Kinder und einem Dauergrinsen wie auf Ecstasy durch die Gegend zu laufen. Das nimmt Ihnen eh keiner ab. Immer der Beste sein zu müssen ist eine manifestierte Gesellschaftslüge.

Seien Sie authentisch. Wäre doch irgendwie auch langweilig, wenn Ihr linker Nachbar Superman und Ihr rechter Nachbar Batman wäre, oder? Haben wir nicht wahre Helden ständig um uns herum?

Meine absolute Hochachtung und Wertschätzung gilt allen helfenden Berufen:

Im Krankenhaus: Danke, dass Ihr jeden Tag Euer Bestes gebt, um anderen zu helfen.

Feuerwehr und Rettungsdienst: Danke, dass Ihr unter Einsatz Eures eigenen Lebens Menschenleben rettet.

Polizei: Danke, dass Ihr einen tollen Job macht, trotz der Missachtung der Menschen. Und doch ruft jeder nach der Polizei, wenn es Schwierigkeiten gibt.

Und natürlich vielen weiteren.

Wir fühlen uns zu Menschen hingezogen, die authentisch sind. Wir vertrauen Menschen, die sich selbst nicht in den Mittelpunkt stellen. Ich bin mir sicher, dass ich auch bei Ihnen vieles finden kann, warum Sie so sind, wie Sie sind, und warum das auch gut so ist. Machen Sie Schluss mit den Gesellschaftslügen. Glauben Sie an sich. Leben Sie ab sofort bewusster.

Motivationsspritze

„Wer nur nach dem Äußerlichen geht, verpasst die wunderbarsten Menschen."

Ene mene muh und raus bist du

Eines muss man uns lassen: Wir sind ebenfalls Meister der Selbstmanipulation geworden. Glauben Sie nicht? Wie lassen Sie sich morgens wecken, vielleicht mit einem Radiowecker? Sollten Sie aufgrund Ihres jungen Alters nicht wissen, was ein Radiowecker ist: Das ist wie Facebook als Hörbuch. Ich bin mir sicher, weil wir so schön deutsch sind, dass Ihr Radiowecker auf die volle oder halbe Stunde zum Wecken eingestellt ist.

Jeder von uns hat in den Morgenstunden einen halbwachen Zustand. Wir schlafen dann nicht mehr, sind aber auch noch nicht wach. Also ein ganz normaler Morgen. In diesem Zustand besteht ein ungehinderter Zugang zu unserem Unterbewusstsein, ohne dass wir uns dagegen wehren können.

Wenn jetzt beispielsweise um 7 Uhr der Radiowecker anspringt, was läuft dann? Richtig, die Nachrichten. Und woraus bestehen die Nachrichten zum größten Teil? Wieder richtig, aus überwiegend negativen Meldungen. Wir werden mit lauter negativen Nachrichten gefüttert, die uns voller Freude aus dem Bett springen lassen. Oder nicht?

Aber damit nicht genug. Es gibt ja noch die Nachrichten im Fernsehen, auf dem Smartphone oder Tablet. Und weil wir alles richtig machen wollen, lesen wir auf dem Weg zur Arbeit vielleicht noch die Zeitung mit den großen Buchstaben. Nun wissen Sie auch, warum für diese Uhrzeit die Buchstaben so groß sind. Jetzt haben Sie Ihren Speicher für Negatives randvoll gefüllt. Ihr Unterbewusstsein tanzt Samba und startet Ihren ganz persönlichen Kinofilm mit Überlänge, warum das Leben sooooo schlecht ist.

Probieren Sie es mal aus, eine Woche lang auf negative Nachrichten in den Morgenstunden zu verzichten. Ob im Radio, digital, im Fernsehen oder in der Tageszeitung. Okay, viel bleibt von der Tageszeitung dann nicht übrig. Stattdessen hören Sie Musik, die Sie berührt und gute Laune macht. Oder Sie machen etwas total Verrücktes: Reden Sie mit Ihrem Partner oder Ihren Kindern. Falls kein Partner da ist, dürfen Sie auch mit sich selbst reden, mit dem Toaster, dem Hund oder dem Kanarienvogel. Sie werden überrascht sein, wie der Tag und Sie selbst sich positiv verändern werden.

Achtung! Den halbwachen Zustand gibt es auch beim Einschlafen. Achten Sie darauf, welche Informationen Sie Ihrem Gehirn mit in den Schlaf geben. Für alle, die glauben, nur mit laufendem Fernseher einschlafen zu können: Sie geben die Kontrolle über Ihre Gedanken ab. Je nachdem, was als letztes im Fernsehen läuft, wandelt das Gehirn die Informationen in Ihr ganz persönliches Leben um. Also durchaus: schlechte Träume volle Fahrt voraus.

Achten Sie auch hier darauf, nicht die negativen Nachrichten als letzte Information des Tages zu sehen. Schnappen Sie sich lieber ein aufbauendes Buch, Hörbuch oder stellen Sie sich eine Playlist von Liedern zusammen, die Ihnen ein gutes Gefühl vermitteln. Am erfolgreichsten ist es, wenn Sie sich unmittelbar vor dem Schlafgehen mit Ihren Zielen befassen und diese in Bildern, als bereits erreicht, in Ihrem Gehirn abspeichern. Ihre ganz persönliche Traumreise.

Unsere innere Kuckucksuhr

Wenn Ihr Leben schön in der Spur läuft, dann sind im Wesentlichen zwei Phänomene bestimmend: der beständige und unablässige 24-Stunden-Rhythmus von Tag und Nacht und das plötzliche und unvorhersehbare Auftreten von Ereignissen. Um darauf adäquat reagieren zu können, haben Menschen im Laufe der Evolution spezielle Mechanismen entwickelt, mit einer überraschenden Gemeinsamkeit.

Zum einen haben wir die sogenannte „innere Uhr", die den Organismus auf die regelmäßig wiederkehrenden Erfordernisse des Alltags vorbereitet. Zum anderen springt ein Stresssystem immer dann an, wenn eine schnelle Reaktion auf ein unerwartetes Ereignis erforderlich ist.

Und wo ist jetzt die Gemeinsamkeit?

Sie können die Gemeinsamkeit eventuell aus Ihrer eigenen Erfahrung bestätigen. Zu unterschiedlichen Tageszeiten reagieren Sie ganz unterschiedlich auf Stress. Andererseits bringt starker Stress Ihren Tag-Nacht-Rhythmus durcheinander und stört so den Schlaf. Na klingelt es bei Ihnen beim Stichwort „Schlafstörung"?

Nun lassen wir mal die Profis ran, die Wissenschaftler der Universität Würzburg. Die haben nämlich entdeckt, dass in beiden Vorkommnissen ein spezielles Enzym eine wichtige Rolle spielt: die mitogenaktivierte Proteinkinase p38. Merken Sie sich einfach „p38" und als Eselbrücke R2D2 aus Star Wars. Schon macht diese Information unserem Gehirn Spaß.

„P38" ist schon seit längerem als eine wichtige Komponente der Immun- und Stresssignalwege bekannt. Die Wissenschaftler konnten nun nachweisen, dass das Enzym außerdem Bestandteil der zentralen inneren Uhr ist und dort wichtige Funktionen übernimmt. Das ist einleuchtend, schließlich braucht der Piepmatz unterm Dach der Kuckucksuhr ja was zu futtern und zu trinken. Aber für ein paar Tests stand der Piepmatz leider nicht zur Verfügung. Daher nahmen die Wissenschaftler die Taufliege Drosophila melanogaster, weil viele ihrer Gehirn- und Nervenfunktionen denen des Menschen sehr ähnlich sind – und das, obwohl sie mit rund 80.000 Nervenzellen deutlich weniger besitzt als der Mensch. Denken Sie dran, wenn Sie das nächste Mal auf der Jagd nach einer Fliege sind und laut rufen: „Komm her, du dumme Fliege!"

Es stellte sich heraus, dass „p38" im Dunkeln besonders aktiv und im Hellen inaktiv ist. Die Enzymaktivierung unterliegt also einem zeitlichen Rhythmus, und Licht kann den Aktivierungsprozess gänzlich stoppen. Und da Stress ebenso zur Aktivierung von „p38" führt, kann er auf diese Weise auch die innere Uhr verstellen. Die „mAPkinase p38" verbindet also das Stresssystem mit der inneren Uhr. Achten Sie daher auf Ihr Stressbarometer, um bewusster zu leben.

Motivationsspritze

„Alle Lebewesen außer den Menschen wissen, dass der Hauptzweck des Lebens darin besteht, es zu genießen."
(Samuel Butler)

Visionen schaffen, Ziele setzen

Nachdem Sie nun mit Selbsterkenntnis, Selbstdarstellung und bewusstem Leben die Basis geschaffen haben, wollen wir mit der aktiven Änderung Ihrer Bedürfnisse beginnen. Dazu benötigen Sie eine Art Absichtserklärung, was Sie ganz persönlich im Leben erreichen wollen, damit es Ihrer Vorstellung von Glück, Erfolg und Wohlbefinden entspricht.

Hier können wir viel von Kindern lernen, ja, Sie haben richtig gelesen, von Kindern lernen. Denn sie sind in der Lage, von etwas zu träumen, was vielen Erwachsenen verlorengegangen ist oder besser verdrängt wird. Träumen hat doch nichts mit der Realität dieser zum Teil brutalen Welt zu tun? Weit gefehlt! Träumen ist der Schlüssel zu unserer Kreativität. Beim Träumen sehen wir, wo unsere verborgenen Talente liegen und wie wir diese sichtbar machen können.

In diesem Kapitel erfahren Sie genau, wie Sie vorgehen sollten, um von einer Vision zu Ihrem gewünschten Ziel zu kommen. Daher bitte ich Sie um Ihre volle Aufmerksamkeit und um Ihre Geduld. Ein Ziel zu erreichen bedeutet nicht, eine Vision in die Mikrowelle zu legen und voilà, nach drei Minuten haben Sie Ihr Ziel erreicht. Die Dauer zur Erreichung Ihres Zieles ist so individuell wie Ihr Ziel selbst. Mein Ziel, dieses Buch zu schreiben, hat vom ersten Impuls über die Recherche bis zur Fertigstellung mehrere Jahre gedauert. Es ist ein langer Prozess, unsere wirklichen Lebensziele zu erreichen. Diese Zeit sollten Sie sich auf jeden Fall geben.

Sind Sie gespannt? Ich auch! Denn beim Lesen der nächsten Seiten wird etwas mit Ihnen geschehen. Natürlich nur, wenn Sie bereit dazu sind. Sind Sie?

Der Motor des Lebens

Es gibt einen weiteren Grund, warum wir morgens so schwer aus dem Bett kommen, abgesehen davon, dass Ihre Blase sagt: „Ich hätte da mal ein Anliegen." Es sind die fehlenden Ziele in Ihrem Leben!

> **Ihre ganz persönlichen Ziele sind der Motor Ihres Lebens.**

Haben Sie schon mal erlebt, dass Sie auf dem Sofa saßen und Appetit auf Schokolade hatten? Hervorragend, im Schrank liegt ja noch eine Tafel. Würden Sie in den Genuss der Schokolade kommen, wenn Sie nur zu 50 % motiviert sind?

Wenn Sie morgens im Büro oder zuhause Ihren Computer anschalten, dann passiert etwas. Richtig – das Startprogramm sorgt dafür, dass der Bildschirm hell und das Programm gestartet wird, damit Sie loslegen können. Oder haben Sie schon mal erlebt, dass die Meldung kommt: „Bin heute schlecht drauf, probier' es doch später noch mal"?

Und wie sieht Ihr Startprogramm für den Tag aus? Freuen Sie sich auf das, was Ihnen der Tag alles bringen wird? Haben Sie genug Zeit für sich, für Ihren Partner oder Ihre Kinder? Ein kleines Frühstück? Ein erstes Lächeln am Tag? Oder muss mal wieder alles ganz schnell gehen?

Wer keine oder nicht die richtigen Ziele im Leben hat, die er zu 100 % erreichen will, dessen Leben verläuft wie das des Hamsters im Hamsterrad. Tagein, tagaus. Der versucht, ein Auto zu fahren, ohne Benzin zu tanken. Der versucht, ins Wasser zu springen, ohne nass zu werden. Der versucht, eine Partnerschaft zu führen, ohne Raum für den Partner bei sich selbst zu schaffen. Es gibt keine Begrenzung für die Größe unserer Ziele im Leben. Den Weg dahin gehen Sie in machbaren Schritten.

Einen Berg besteigen Sie auch mit dem ersten Schritt im Tal. Das Geheimnis zum Erreichen Ihrer Ziele liegt in der Kontinuität. Wenn Sie sich für ein Ziel entschieden haben, dann geben Sie nicht auf, bis Sie das Ziel erreicht haben. Wenn Sie vorher aufgeben, dann war es nicht das richtige Ziel.

> „Am Ende wird alles gut. Und wenn nicht, dann war es noch nicht das Ende.“

Wir können nur deshalb heute von vielen Erfindungen profitieren, weil deren Erfinder sich nicht von anderen Menschen oder Umständen haben abbringen lassen. Werden Sie zum Unternehmer Ihres eigenen Lebens und nicht zum Unterlasser.

Wie treffe ich meine Entscheidung für ein Ziel – und überhaupt für welches Ziel?

Stellen Sie sich vor, Sie wollen an einem schönen Sommertag in einem See schwimmen gehen. Sie schwimmen bis zur Mitte des Sees und überlegen, was will ich eigentlich? Auf die andere Seite schwimmen, zurück, nach links oder rechts? Und während Sie so überlegen, paddeln Sie die ganze Zeit mit den Armen, um nicht unterzugehen. In Ihnen steigt Panik hoch, die Kraft wird Ihnen ausgehen und Sie werden mit großer Wahrscheinlichkeit ertrinken. Wenn Sie Ihr Ziel vorher festgelegt haben, dann haben Sie es immer im Blick, werden Ihre Kräfte einteilen und es auch erreichen.

Was sind Ihre Ziele im Leben? Was macht Sie wirklich glücklich, auch wenn es etwas ganz anderes ist, als das, was Sie jetzt leben? Haben Sie Mut, Sie haben nur das eine Leben.

> „Wir haben alle zwei Leben: Das zweite beginnt, wenn wir realisieren, dass wir nur ein Leben haben.“

Um Ihre wirklichen Ziele herauszufinden, gehen Sie wie folgt vor: Machen Sie sich in Ihren Gedanken frei von dem Leben, das Sie derzeit führen. Machen Sie sich frei von einer möglichen Beziehung, von Kindern, von Ihrem Job und vor allem vom Geld. Alles ist möglich. Sie werden eine starke Gegenwehr durch Ihren inneren Kritiker erfahren. Hauen Sie ihm eins auf die Mütze und geben Sie nicht auf, bis Sie an die Informationen gelangen, die Sie emotional berühren. Auch wenn Sie keinen blassen Schimmer haben, wie Sie diese Ziele umsetzen werden. Lassen Sie sich dafür ruhig ein paar Tage Zeit. Ihr Gehirn arbeitet weiter, auch wenn Sie etwas ganz anderes erledigen.

Erst, wenn dieser Prozess abgeschlossen ist, gehen Sie den nächsten Schritt. Hier überprüfen Sie, wie stark Ihr „Warum" ist. Warum werden Sie dieses Ziel auf jeden Fall erreichen? Weil es Ihnen Freiheit verschafft? Viel Geld? Viel Anerkennung? Was es auch ist, es ist Ihr Ziel und nicht das anderer Personen. Nun unterteilen Sie diese Ziele in kurzfristig (innerhalb von circa drei Wochen), mittelfristig (innerhalb von circa drei Monaten) und langfristig (innerhalb eines Jahres). Beginnen Sie mit der Umsetzung der kurzfristigen Ziele innerhalb von 72 Stunden. Tun Sie dies nicht, dann sind es nicht die richtigen Ziele. Warum das so wichtig ist, erfahren Sie auf den nächsten Seiten.

Nur wünschen reicht nicht!

Es gibt unzählige Bücher zur Selbstmotivation. Die einen basieren rein auf Esoterik, die anderen zumindest auf wissenschaftlichen Erkenntnissen. So viele solcher Bücher es gibt, so viele Menschen kaufen und lesen diese Bücher auch. Und genau so viele Menschen verstehen nicht, was in diesen Büchern wirklich steht.

Zugegeben, es hört sich verlockend an, einfach seine Wünsche im Kaufhaus des Universums abzugeben und dann beschenkt zu werden, aber so funktioniert erfüllender Erfolg leider nicht. Es ist nur ein Bestandteil zur Entdeckung der eigenen Persönlichkeit. Wie viele Bücher zu den Themen Motivation, Glück oder Erfolg haben Sie schon gelesen? Und wie viel haben Sie bis heute aus diesen Büchern umgesetzt?

Wahrscheinlich nicht viel, sonst würden Sie dieses Buch nicht lesen. Also machen Sie es bei diesem Buch etwas anders. Überfliegen Sie die Texte nicht einfach, sondern prüfen Sie nach jedem Kapitel, ob Sie wirklich verinnerlicht haben, worum es geht. Beschäftigen Sie sich ausführlich mit den Themen und suchen Sie nach Antworten, solange Fragen offen sind. Sprechen Sie mit Gleichgesinnten oder schreiben Sie mir Ihre Frage.

Der Irrglaube vieler Menschen liegt darin, dass man sich nur etwas wünschen muss und sich dann zurücklehnen kann. Denn das Leben wird von da an in Hülle und Fülle gesegnet sein. Nach kurzer Zeit wachen Sie auf mit den Worten: „So ein Scheiß, das klappt überhaupt nicht“ und legen das Buch zur Seite. Genauso werden Sie auch mit den folgenden Büchern umgehen. Das „Werkzeug“ des Wünschens steht ganz am Anfang eines Prozesses. Es sorgt bei kontinuierlicher Anwendung dafür, dass Sie ins notwendige Handeln kommen. Nichts geht von allein, wie fälschlicherweise gerne angenommen wird.

Genauso verhält es sich mit kurzfristiger Motivation. Geübte Motivations- und Erfolgstrainer sind in der Lage, ihr Publikum innerhalb eines bestimmten Zeitraums so zu euphorisieren, dass Sie gefühlt als Superman oder Superwoman die Veranstaltung verlassen. Von da an tickt die Zeit, wie lange Sie Ihre Pseudomotivation aufrechterhalten können. Bei den meisten endet sie bereits zu Hause, wenn man dem Partner eindrucksvoll vermitteln will, ein neuer Mensch zu sein und als Antwort erhält: „Ist ja gut mein Schatz, dann bring mal erfolgreich den Müll runter." Wünschen ist ein Teil Ihres Erfolgs, es bereichert Ihr Leben durch „Überraschungen", aber es genügt nicht, um Ihr Lebensziel zu erreichen. Im folgenden Kapitel gehe ich darauf noch genauer ein.

Motivationsspritze

„Es gibt sehr viele Wege, die man in seinem Leben gehen kann. Der Beste ist wohl der, der dich glücklich macht!"

Negative Gewohnheiten in Lebensfreude verwandeln

Die Grundregel für eine Änderung Ihres Lebens lautet:

> Das „Was" kommt immer vor dem „Wie".

Das „Was" ist die Zielsetzung. Je genauer ich weiß, was ich erreichen will, umso weniger muss ich mich um die Umsetzung, das „Wie" kümmern. Ich sagte weniger, nicht gar nicht! Und genau hier beginnt bereits das Problem: Die meisten Menschen gehen sofort auf das „Wie" über.

Nehmen wir einfach an, Sie hätten große Lust, einmal eine Kreuzfahrt mitzumachen. Die Vorstellung davon gibt Ihnen ein gutes, positives Gefühl. Dann springt sofort Ihr innerer Kritiker an (hierzu später mehr) und stürzt sich auf das „Wie". Er sagt zu Ihnen: „Hä? Tickst du noch richtig? Guck dir doch mal dein Gehalt an! Wovon willst du denn eine Kreuzfahrt machen? Das wirst du nie im Leben schaffen. Spinn doch hier nicht so rum! Vergiss diesen Blödsinn!" Und schon haben Sie das, was Sie unter Umständen glücklich gemacht hätte, von vornherein verurteilt und gehen es nicht mehr an. Weil Sie sich auf das „Wie" eingelassen haben. Unbewusst.

Dabei stehen Ihre Chancen, doch irgendwann in See zu stechen durch die Kraft der Anziehung, gar nicht so schlecht. „Wie bitte?", höre ich schon wieder Ihren Kritiker im Kopf johlen, „Kraft der Anziehung? Das klingt aber verdächtig nach ‚The Secret' und nach diesem ganzen esoterischen Humbug!"

Inzwischen ist vieles von dem, was das Gesetz der Anziehung oder auch das Gesetz der Resonanz behauptet, wissenschaftlich erwiesen. Es sogar von einigen Nobelpreisträgern bestätigt, einfach weil es so logisch ist. Sicher kennen Sie doch auch ein paar Beispiele aus Ihrem Leben: Sie denken daran, unbedingt mal wieder nach Sylt fahren zu wollen, und zwei Tage später flattert eine Einladung zu einem Wochenendworkshop auf Ihrer Lieblingsinsel ins Haus. Mir ist das neulich genauso passiert.

Oder: Sie haben plötzlich das Gefühl, dass mit einem Menschen, der Ihnen sehr nahe steht, irgendetwas geschehen ist. Wenige Stunden später erhalten Sie die Bestätigung: Er ist verunglückt. Oder: Sie denken an einen Menschen und in dem Moment, wo Sie den Hörer abnehmen wollen, um ihn anzurufen, klingelt es und die Person ruft Sie an. Oder: Es betritt jemand einen Raum, Sie können diesen Menschen nicht sehen, bemerken aber dennoch seine „Ausstrahlung" im Raum und drehen sich nach ihm um. Oder Sie sagen zu jemandem, den Sie noch nie gesehen haben: „Komisch, obwohl ich dich überhaupt nicht kenne, hab ich das Gefühl, ich bin dir nahe." Oder …

Das ist dieser Energieaustausch, die Anziehung, etwas, was der Volksmund als „siebten Sinn" bezeichnet und was von Skeptikern immer schnell als Zufall abgetan wird. Immer, wenn wir etwas nicht mehr logisch-rational erklären können, ist es Zufall!

Vielleicht gefällt Ihnen dieses Bild: Wofür ist der Mond da, in Bezug auf die Erde? Richtig, für Ebbe und Flut. Das fällt jedem sofort ein. Und woraus besteht der menschliche Organismus zum größten Teil? Aus Wasser. Der Mond ist für die Gezeiten auf der Erde zuständig, für ganze Weltmeere. Welche Kraft muss dahinter sein!

Wie kann es da angehen, dass wir Menschen, die zum großen Teil aus Wasser bestehen, meinen, wir wären von dieser Kraft völlig frei? Der Mond macht mit uns überhaupt nichts? Das ist so lächerlich, dass es jedem sofort einleuchtet. Wir wissen zwar nicht, was der Mond genau mit uns macht, aber dass er einen Einfluss auf uns hat, wird kaum jemand ernsthaft bestreiten können. Es gibt da eine Kraft, die die Meere dazu bewegt, über die Ufer zu treten und sich dann wieder zurückzuziehen, in stetem Wechsel, tagein und tagaus: der Mond – nur kraft seiner Anziehung.

Im nächsten Kapitel erfahren Sie, wie Sie eine Vision entwickeln. Sie werden Ihr Leben entschleunigen und sagen: „Ich treffe eine Entscheidung, und dann werden die Dinge, die ich mir wünsche, ohne dass ich weiß ‚wie', auch teilweise in mein Leben treten – einfach, weil ich mich anders verhalte und meinem Leben eine neue, meinen Wünschen entsprechende Wendung gebe."

Denn das „Was" kommt immer vor dem „Wie".

Träumen ausdrücklich erlaubt

Ihre Vision ist der Beginn eines jeden Erfolgs. Aus ihr entwickelt sich ein konkretes Ziel. Das beste Hilfsmittel für die Verankerung Ihrer Vision ist ein „Vision Board“: Hängen Sie eine Pinn- oder Magnetwand auf, möglichst zuhause, ganz privat, vielleicht in Ihrem Schlafzimmer. Das Teil ist nur für Sie gedacht, andere sollen es gar nicht sehen.

Sammeln Sie alles, was Ihre Vision sichtbar machen kann – Ausschnitte aus Katalogen, Fotos, Zitate, Ihre eigenen Ideen. All diese Sachen kommen an das Vision Board. Was passiert? Jedes Mal, wenn Sie aufstehen oder zuhause sind, wandert Ihr Blick automatisch auf dieses Board. Sie werden immer wieder visuell daran erinnert, welche Wünsche Sie haben, und greifen auf das vor, was Sie gern erreichen möchten.

So geht es immer los. Ihre Ziele und die spätere Umsetzung finden Ihren Anfang in Ihnen selbst, in Ihren Gedanken. Dort entsteht alles. Dort beginnt es, Realität zu werden. Und je konkreter Sie sich etwas vorstellen, desto besser. Keine leichte Aufgabe, wie Sie merken werden, denn Sie bekommen jede Menge negativen Wind von vorn. Also bereiten Sie sich auf eine steife Brise vor.

Wenn Sie sich ein Auto kaufen wollen, sagen Sie ja auch nicht einfach nur „ich kauf mir jetzt ein Auto“, sondern Sie besorgen sich Kataloge oder recherchieren im Internet. Sie wollen etwas Visuelles. Sie wollen Ihr Traumauto sehen, vor Augen haben. Schließlich gehen Sie in ein Autohaus, machen eine Probefahrt. Jetzt können Sie es sogar fühlen, anfassen. Sie treffen eine Entscheidung: „Das ist das Auto, das ich fahren will. Alles andere kommt später.“ Und Sie werden es schaffen – ohne in diesem Moment schon zu wissen, wie.

Bewusstseinserweiterung ist die Konzentration auf das Wesentliche. Nehmen wir einmal an, Ihr Traumauto ist ein schöner, kleiner Mini Cooper. Sie haben eine Probefahrt gemacht, verlassen das Autohaus. Und es ist etwas in Ihnen passiert. Was ist das? Was passiert in der Zeit danach? Klar, Ihr Wunsch nach dem Mini hat sich manifestiert, Sie haben sich schon ein wenig an ihn gewöhnt, als Sie ihn gefahren haben, und Sie möchten ihn deswegen nun umso lieber vor Ihrer Tür stehen haben. Aber da ist noch etwas, etwas ganz Entscheidendes: Sie sehen plötzlich überall nur noch Mini Cooper. Es sind nicht mehr oder weniger davon in Ihrer Stadt als vor Ihrer Probefahrt, aber Ihr Bewusstsein konzentriert sich jetzt besser auf das Wesentliche. Automatisch. Um Ihre Ziele zu erreichen.

Besonders nachvollziehen können dies Frauen, die ein Kind erwarten. Sobald diese wundervolle Botschaft im Gehirn angekommen ist, entstehen starke Gefühle der Vorfreude, und sie sehen überall Schwangere. Vielleicht kennen Sie auch die folgende Situation. Sie sind Single und wünschen sich nichts mehr als eine glückliche Beziehung. Und „plötzlich" sehen Sie nur noch verliebte Paare, die Ihnen das spiegeln, was Sie sich wünschen.

Nun liegt es an Ihnen, sich für diese Paare zu freuen oder in negativen Gedanken zu versinken, warum Sie noch nicht den richtigen Partner an Ihrer Seite haben. Dafür gibt es einen Grund, wie Sie später im Kapitel *Kein Bock mehr auf Liebe* erfahren werden.

Die Vision ist das Bauchgefühl. Sie möchten irgendetwas ändern. Sie wissen noch nicht genau, was. Sie sind zum Beispiel unglücklich in Ihrem Job, wissen aber noch nicht, wo es hingehen soll. Um die Änderung herbeiführen zu können, die Sie möchten, werden Sie jetzt kreativ eine Vision aufbauen. Sie werden regelmäßig an diese positive Vision denken, werden Ihre Gedanken mit ihr „einfärben". Sie werden sich bereits am Ziel sehen. Damit bauen Sie „neuronale Netzwerke" in Ihrem Gehirn auf, unendlich viele Zellen, die Sie in die „richtige Schwingung" versetzen. Hierzu erfahren Sie gleich noch ausführlicher, was es mit den neuronalen Netzwerken auf sich hat.

Immer, wenn Sie einen positiven Gedanken haben, löst der „Hypothalamus" in Ihrem Gehirn ein positives Gefühl aus. Sie merken sofort, was das in Ihrem Körper bewirkt und mit Ihnen macht: Vorfreude, Euphorie, Bewusstseinserweiterung. Der erste Schritt zu einer nachhaltigen Änderung. Aber Achtung: Was wird wohl passieren, wenn Sie einen negativen Gedanken haben? Genau dasselbe! Ein negatives Gefühl wird erzeugt und Sie spüren seine negative Wirkung.

Menschen, die auf Negativität konditioniert sind, die denken „ich habe nie Glück, ich habe immer nur Rechnungen in meinem Briefkasten", die werden auch kein Glück anziehen. Deren Unterbewusstsein will es auch gar nicht, denn es sucht nur nach der Bestätigung seiner negativen Selbstverurteilung.

Ein Ziel mit doppelt Käse bitte

Ein Ziel ist die Manifestierung einer Vision, eines Traums oder eines Wunsches. Die Vision ist das reine „Was". Das Ziel geht einen Schritt weiter, es geht langsam in das „Wie" hinein. Mit Ihren Zielen legen Sie genauer fest, was Sie im Leben erreichen wollen. Egal ob im privaten oder im beruflichen Umfeld. Auch Ziele schaffen neuronale Netzwerke im Gehirn. Ihr Körper wird auf Erfolg konditioniert. Es geht immer stärker in die Bewusstseinserweiterung.

Wann waren Sie das letzte Mal im Urlaub? Aha. Und wie haben Sie gebucht? Im Reisebüro? Super. Sie waren urlaubsreif. Sie hatten eine Vision: Sie wollten gern in den Urlaub, mal wieder Sonne satt, aber wussten noch nicht wirklich, wohin und so. Sie gehen also in Ihr Reisebüro, dort sitzt eine Beraterin, und vor ihr konkretisieren Sie Ihre Vision. Die Beraterin macht Vorschläge. Sie wägen ab.

Dann kommt der Zeitpunkt, wo sie Sie fragt: „Und gefällt es Ihnen denn jetzt so? Darf ich die Reiseunterlagen fertig machen?" Ja, es gefällt Ihnen. Genau dort möchten Sie hinfliegen. Und in dem Moment, wo Sie das Ganze unterschreiben, wird es real, und es passiert etwas in Ihrem Gehirn: Sie empfinden Vorfreude. Plötzlich fühlen Sie sich ganz leicht: „Huch, in zwei Wochen fliege ich in den Urlaub. Alles halb so schlimm, auch der Ärger in der Firma. Die Zeit bis dahin kriege ich locker rum." Sie sind noch gar nicht raus aus dem Alltag, schon tanken Sie Ihre Kraftreserven auf und gehen wieder mit mehr Mut zu Werke.

Und was ist die Erkenntnis?

Wenn es so leicht ist, mich selbst positiv einzustimmen, einen positiven Impuls zu erzeugen durch eine so einfache Aktion, warum lerne ich dann nicht eine Methode, die mich dazu befähigt, das immer so zu machen?

Butter bei die Fische

Wer mit seinen Gewohnheiten brechen und sie ändern will, um seine Ziele zu erreichen, geht einen Prozess sowohl mit seinem Bewusstsein als auch mit seinem Unterbewusstsein ein. Es ist ein Prozess in vier Schritten:

Wir entwickeln eine Vision. Aus der Vision wird ein Ziel. Aus dem Ziel wird eine Überzeugung. Aus der Überzeugung wird eine Gewohnheit. Eine positive Gewohnheit, die zum Erfolg führt. Aber wie kommen Sie zu den Entscheidungen, mit denen Sie Ihre Gewohnheiten ändern können?

Von Bob Proctor stammt das folgende Zitat: „Fragen Sie sich nicht, ob Sie Ihrer Ziele würdig sind, sondern fragen Sie sich lieber: Sind meine Ziele meiner würdig? Sind meine Ziele meines Lebens würdig?“ Das Zitat besteht aus zwei Teilen, es beinhaltet zwei unterschiedliche, wichtige Aussagen. Lesen Sie sich das Zitat laut vor. Kommen Sie von allein darauf?

Der erste Teil („Fragen Sie sich nicht, ob Sie Ihrer Ziele würdig sind“) ist eine Steuerung Ihres Unterbewusstseins. „Oh Gott, oh Gott“, denkt es in Ihnen, „bin ich meiner Ziele würdig? Hat mein Partner mich lieb, so wie ich bin? Mag dieser Mensch mich?“ Ihr Unterbewusstsein setzt Sie mit dieser Fragestellung von vornherein in die Opferrolle. Sie haben gar keine Chance zu gewinnen.

Nehmen wir jetzt aber den zweiten Teil („Fragen Sie sich lieber: Sind meine Ziele meiner würdig? Sind meine Ziele meines Lebens würdig?“): Das ist eine Aussage des Bewusstseins. Es sagt: „Moment mal, Ziel, ich guck mir dich erst mal genau an. Vielleicht bist du mir viel zu klein, vielleicht will ich viel mehr vom Leben. Und deswegen nutze ich dich gar nicht.“ Menschen, die fähig sind, so zu denken, hinterfragen ihre Ziele. Diese Menschen sagen: „Vielleicht, mein liebes Ziel, gibst du mir gar nicht das, was ich eigentlich will.“ Diese Menschen nehmen ihr Leben selbst in die Hand und richten es neu aus, indem sie die richtigen Fragen stellen.

Wer besonders starke Überzeugungen hat, sehen wir bei Selfmade-Millionären. Selbst wenn diese Herrschaften eine Fehlinvestition getätigt und ihr gesamtes Vermögen verloren haben, gibt es für sie gar keine andere Option, als wieder Millionär zu werden. Auch wenn das gesamte Umfeld es ganz schlimm findet, dass dieser Mensch nun „arm" ist, ist er bereits jetzt schon wieder Millionär durch seine Überzeugung. Und er stellt sich vor diese negativen Menschen und sagt: „Ich weiß gar nicht, was ihr habt. Für mich gibt es gar keinen anderen Platz auf dieser Welt, als Millionär zu sein." Diese Überzeugung verhilft ihm, Chancen zu sehen und zu ergreifen, an denen der Otto-Normalbürger vorbeilaufen würde. Und siehe da, nach einer gewissen Zeit ist dieser Mensch wieder Millionär, genau, wie er gesagt hat.

So wie der Skype-Gründer Morten Lund. Der Däne ist vierfacher Vater, einst Millionär, dann insolvent und heute wieder Millionär. Im Jahr 2005 verkaufte er sein Unternehmen Skype für 2,6 Milliarden Dollar. 2009 meldete er Privatinsolvenz an. Heute mit nur 43 Jahren hält Lund mehr als 80 Beteiligungen an Startup-Firmen auf der ganzen Welt, von denen er mehr als 40 selbst gegründet hat. Er brauchte gerade mal ein Jahr und drei Monate, um nach seiner Privatinsolvenz wieder schuldenfrei zu sein. Eine Ausnahme, denken Sie?

Das Gehirn kann zwischen einem Ereignis, das wirklich geschieht, und einem, das es sich nur vorstellt oder von außen betrachtet, nicht unterscheiden. Stellen Sie sich vor, Sie hätten eine Phobie vor Spinnen. Sie haben tatsächlich eine? Das trifft sich gut. Dann kann ich Sie dort in die Ecke stellen und nur alleine dadurch, dass ich Ihnen sage: „Hinter Ihnen seilt sich gerade eine Spinne ab", wird Ihr Körper sofort die gleichen Symptome wie z. B. Angst, Panik, Zusammenzucken oder Ähnliches zeigen, als wenn ich Ihnen wirklich eine Spinne auf die Hand setzen würde.

Das Gehirn kennt und macht hier keinen Unterschied. Und das ist auch der Grund, warum ich zum Coach meines Gehirns werden kann: Ich kann mein Gehirn und damit mich selbst auf Erfolg und auf Glück programmieren. Es geht dabei nicht darum, was ich wirklich erlebe oder erlebt habe, sondern es geht zuerst um die reine Vorstellungskraft: „Ich möchte mir ein Haus kaufen und ich kann mir die kleinsten Details vor Augen führen. Ich sehe schon die weiße Kieselauffahrt. Drei Säulen stehen vor dem Eingang. Die Fensterläden sind blau und zur Seite geklappt."

Je genauer Sie sich etwas vorstellen und beschreiben können, umso größer ist Ihre Bewusstseinserweiterung und auch die Anziehung des

Objektes Ihrer Begierde. Einfach nur dadurch, dass Sie Ihre Bedürfnisse kommunizieren und aufmerksamer dafür sind. Und plötzlich passieren Dinge, die Sie Ihrem Ziel ein ganzes Stück näherbringen. Versuchen Sie nicht, es logisch zu erklären. Sie können es nicht. Pessimisten werden hier sofort wieder von Zufällen sprechen. Und Sie?

Der innere Kritiker – da ist er schon wieder – hält von all dem natürlich gar nichts. Ihr Unterbewusstsein mag keine Veränderungen. Lieber leiden wir, als etwas zu ändern. Ist ja auch einfacher. Wie sitzen Sie eigentlich da? Völlig schief! Ach, Sie haben immer Schmerzen. Und wenn Sie den Hals so zur Seite neigen, dann geht es besser? Verstehe. Sprich: Anstatt den Schmerz anzugehen und eine Verbesserung herbeizuführen, um sich wieder wohl zu fühlen, verbiegen Sie sich und versuchen so, den Schmerz zu umgehen. Eine Schonhaltung. Der Weg des geringsten Widerstands. Ein typisch menschliches Verhalten.

Unser Kritiker, das Unterbewusstsein, hat uns so gut im Griff, dass alle Veränderungen, die uns wirklich weiterbringen würden, erst einmal rundherum abgelehnt und verurteilt werden. Wir sind darauf konditioniert. Es ist ein erlerntes Verhaltensmuster, das wir durchbrechen werden.

Erinnern Sie sich an den Test zu Anfang des Buches, mit den zwei Händen? In dem Raum dazwischen liegt die Änderung, die Erweiterung Ihres Bewusstseins und damit Ihres Lebens. Vertrauen Sie mir. Sagen Sie: „Hier bin ich. Wir machen mal, und ich schaue, was in meinem Leben passiert.“

Motivationsspritze

„In einer Welt, wo jeder aus dir etwas anderes machen will, ist der größte Erfolg, du selbst zu sein!“

Ihr innerer Kritiker

Haben Sie bis hierhin alles verinnerlicht? Dann kann es in Ihrem Leben ja jetzt richtig vorwärtsgehen. Ich hätte da noch eine kleine, aber wichtige Anmerkung. Unser Leben verläuft nie geradlinig. Die Erfahrungen, die Sie links und rechts Ihres Weges machen, sind sehr wichtig, um Sie zu bestärken. Wir werden auf unserem Lebensweg immer wieder geprüft, ob das Ziel, das wir verfolgen, auch wirklich unser Ziel ist und ob wir es aus vollster Überzeugung erreichen wollen.

Ich bin mir sicher, Sie haben auch schon Situationen erlebt, in denen Sie kurz vor Erreichen eines Zieles unerwartete Probleme bekommen haben. Nicht wenige lassen dann von ihrem Ziel ab und widmen sich lieber der Gewohnheit, nichts zu ändern.

Ich spreche hier von Ihrem inneren Kritiker. Jenem Teil Ihres Unterbewusstseins, der durch negative Erfahrungen gefüttert wurde und Sie nun verführen möchte, auf gar keinen Fall etwas an Ihrer Lebenssituation zu ändern. Für viele ist die Auseinandersetzung mit dem eigenen Kritiker eine wesentlich größere Aufgabe als sich gegen Kritik von außen zur Wehr zu setzen. Selbst erfolgreiche und erfahrene Menschen haben von Zeit zu Zeit mit ihm zu kämpfen, wie zum Beispiel Luciano Pavarotti, der vor seinen öffentlichen Auftritten oft an Selbstzweifeln litt, seine Stimme könnte versagen und er würde sein Publikum heute auf gar keinen Fall mit seiner imposanten Stimme verzaubern.

Unser eigener Kritiker begleitet uns unser ganzes Leben lang. Daher beginnen Sie, sich mit ihm auseinanderzusetzen, um zu lernen, wann und wie er zuschlägt. Und er ist ganz und gar kein friedvoller Gefährte, sondern kann extrem verletzend sein. Je mehr Verantwortung Sie in Ihrem Leben übernehmen, desto stärker verbannen Sie Ihren Kritiker in seine Hundehütte. Laufen Sie nicht vor ihm weg oder versuchen, ihn zu verdrängen, er wird immer schneller sein. Aber eines sollten Sie nie vergessen: Er ist nicht stärker als Sie!

Ich bin dann mal der Arsch

Damit Sie gar nicht erst auf dumme Gedanken kommen und womöglich glücklich werden, hat sich Ihr Gehirn in Kooperation mit Ihrem Unterbewusstsein etwas Tolles ausgedacht. Einen inneren Kritiker. Jeder von uns hat diesen inneren Kritiker. So wie Sie im Leben gewachsen sind, ist Ihr Kritiker auch gewachsen. Durch sämtliche Informationen aus Ihrer Vergangenheit. Ob von Ihren Eltern, Geschwistern, Lehrern, Partnern oder allen Personen und Erfahrungen, die ihre Spuren in Ihrem Unterbewusstsein hinterlassen haben. Wenn Sie einem Menschen lange genug einreden und ihn spüren lassen, dass er wertlos und unfähig ist, dann wird er es irgendwann glauben und so leben. Also passen Sie auf, was Sie Ihren Kindern vermitteln.

Diese Erkenntnis wollen wir in etwas Positives verwandeln. Wer sich gegen den eigenen Kritiker durchsetzen will, der tut so lange, als wenn er etwas könnte, bis er es eines Tages wirklich kann. Lassen Sie nicht zu, dass Ihr eigener Kritiker Ihr Leben bestimmt. Die Zauberformel für ein Ziel lautet:

> **Konzentriere dich täglich, so stark du kannst, auf das „Was" oder besser das „Warum".**

Was willst Du im Leben erreichen und warum? Ist Dein Wille stark genug, um dich gegen die Menschen durchzusetzen, die dich von Anfang an verurteilen werden? Stark genug, um Hindernisse auf dem Weg zum Ziel aus dem Weg zu räumen? Denke zu Beginn nicht darüber nach, wie Du dieses Ziel erreichen wirst. Dies ist das Terrain des Kritikers, und der wird dir sofort hunderte Argumente liefern, warum das die blödeste Idee ist, die du je gehabt hast. Negative Gedanken über das „Wie" sind Theorie und werden durch Handeln ins Positive umgedreht. Es liegt an dir, ob du einknickst oder wieder aufstehst, wenn dich der Kritiker zu Boden wirft, den Mittelfinger ausstreckst und sagst: „Du schlägst wie ein Mädchen."

Wer eine Probezeit in einem neuen Unternehmen mit den Worten beginnt: „Hoffentlich überstehe ich die Probezeit", der hat bereits verloren, bevor es richtig losgeht. Das Unternehmen hat die Probezeit, Ihnen zu beweisen, dass es der richtige Arbeitgeber ist, für den Sie das Wertvollste in Ihrem Leben einsetzen wollen: Ihre Lebenszeit. Und dafür bekommen Sie einen Lohn oder ein Gehalt. Also zeigen Sie, was in Ihnen steckt. Und wieder sind Sie ein Unternehmer Ihres Lebens und nicht bloß ein Angestellter.

Wenn wir eines im Leben gelernt haben, dann, dass es für alles, was wir nicht im Leben wollen, einen Schuldigen gibt. Schuld sind immer die anderen. Das Wetter, die Lebensumstände, der Partner, die Politik, der Chef, bla bla bla. Wenn wir überhaupt von Schuld reden wollen, dann sind Sie selbst an Ihrer Situation schuld. Aber lassen Sie uns doch lieber von fehlender Verantwortung sprechen. Diese können Sie nämlich lernen zu übernehmen. Wenn Sie Zeit haben, zu jammern und sich zu beklagen, dann haben Sie auch Zeit, etwas dagegen zu tun.

Motivationsspritze

Wenn das Leben dich zu Boden schlägt, dann steh auf, hebe den Mittelfinger und sag: „Du schlägst wie ein Mädchen!“

Typische Gesellschaftslügen

Wer etwas anders, etwas Neues im Leben machen will, der erhält zuerst eine vernichtende Botschaft: Etwas Neues ist schlecht und birgt Gefahren. Diese typische Gesellschaftslüge steckt fest in Millionen von Köpfen. Gewinner und meistens erfolgreich sind jedoch die, die sich dieser Lüge widersetzen. Es geht weniger darum, dass die Menschen, die Sie vorverurteilen, schlechte Menschen sind. In den meisten Fällen können sich diese Menschen mit Ihrem Traum, Ihrem Wunsch oder Ihrem Ziel nicht identifizieren, weil sie anders und oftmals viel zu klein denken. Und vielen macht es Angst, dass Sie den Trott der Gewohnheit verändern könnten und sie selbst dadurch vor scheinbar unlösbaren Aufgaben stehen.

Dies lesen wir immer wieder in beeindruckenden Geschichten von Frauen, die im fortgeschrittenen Alter erkennen und fühlen, dass sie etwas im Leben verpasst haben. Sie haben sich aufgeopfert für die Karriere des Mannes oder für die Familie, und dabei haben sie ihre eigenen Bedürfnisse und Sehnsüchte immer hinten angestellt. Und nun möchte Mama plötzlich ihr Studium nachholen, ihre Selbstständigkeit wagen, allein die Reise ihres Lebens unternehmen oder einen ganz neuen, eigenen Weg beschreiten. Was dann passiert: Der Ehemann, die Kinder, die Freunde oder wer sich auch immer dazu berufen fühlt, ein Statement abzugeben, will sie davon überzeugen, dass der Zug abgefahren ist.

Na und? Dann nehmen Sie eben den nächsten Zug.

Solche Gesellschaftslügen, wie bloß nichts Neues im Leben zu wagen oder das Ziel nicht erreichen zu können, sind so stark, dass Sie es körperlich und emotional spüren können. Freunde distanzieren sich von Ihnen, und von überall her prasselt es Argumente, warum es nie dazu kommen wird. Stellen Sie sich mal die Frage, ob Sie selbst oder die anderen Ihr Leben leben! Ich selbst habe oft genug erlebt, dass Geschäftsführern, die frischen Wind in ihr Unternehmen bringen und etwas anderes, etwas Neues machen wollten, kurzerhand gekündigt wurde. Genau diese Beispiele schüren die Angst, bloß die Füße stillzuhalten. Wenn wir aber mal genau hinsehen, dann war es für diese Menschen oft die Initialzündung ihres Lebens, ihren neuen Weg zu gehen, und nicht selten führten sie von da an ein glückerfülltes Leben.

Probieren Sie es aus und behaupten Sie, dass Sie sich für einen Marathon angemeldet haben. „Du Marathon? Lachhaft. Du joggst ja nicht mal regelmäßig." Ein wundervoller Test, um herauszufinden, wer wirklich zu Ihnen steht, Sie ermutigt und unterstützt oder wer nur eine oberflächliche Beziehung zu Ihnen unterhält. Und eine Möglichkeit, Ihre eigene Willenskraft zu prüfen.

Auch ich habe seit meiner Entscheidung, in Zukunft als Vortragsredner auf die Bühne zu gehen und dieses Buch zu schreiben, eine steife Brise von vorn bekommen – trotz langjähriger Erfahrung. Die Vorverurteilungen prasselten auf mich ein. Die Gesellschaftslügen, die mir weismachen wollten, dass ich nie und nimmer einen Verlag für dieses Buch finden würde, dass ich diese oder jene Worte nicht verwenden könnte und, zu guter Letzt, niemand dieses Buch kaufen oder gar lesen würde, waren, an die Grenzen gehend, hoch. In diesen Momenten war ich froh über meine Partnerin als Fels in der Brandung, über wahre Freunde und freundschaftliche Geschäftspartner, die mich positiv bestärkt haben, meinen Weg zu gehen. Der Weg hat sich gelohnt, denn Sie lesen gerade mein Buch oder Sie haben mich vielleicht schon als Vortragsredner auf der Bühne erleben dürfen.

Machen Sie Schluss mit den Gesellschaftslügen, die Ihnen vorspiegeln wollen, was wirklich gut für Sie ist und was Sie glücklich macht. Leben beginnt am Ende der Gesellschaftslügen! Gehen Sie diesen Weg, Sie können nichts verkehrt machen, aber Sie kommen Ihrem Leben ein großes Stück näher. Sie können nicht verlieren. Entweder gewinnen Sie oder Sie lernen.

Motivationsspritze

„Erst wenn du eine Tür geschlossen hast, öffnen sich neue.“

Wunderwerk Gehirn

Stellen Sie sich ein imposantes Gebäude vor. Einen Raum, der durch seine Größe und seine Klarheit Ihre Aufmerksamkeit auf etwas lenken möchte. Er ist leicht abgedunkelt und in der Mitte steht eine Glasvitrine, die erkennen lässt, dass sich etwas sehr Wertvolles in ihr befindet.

Lassen Sie uns näher rangehen und nachsehen, was sich da Wertvolles im Spot des Scheinwerfers befindet. Nein, es sind keine Juwelen oder Ähnliches. Es ist etwas, das an Wert nicht zu überbieten ist. Es ist ein Abbild Ihres Gehirns. Die Schaltzentrale unseres Körpers, deren Komplexität Wissenschaftler auf der ganzen Welt in Staunen versetzt. Noch lange nicht endgültig erforscht und doch schon so umfangreich entschlüsselt, dass wir es uns auf unserem Weg positiv zunutze machen können.

Wer um die wichtigen Funktionen des eigenen Gehirns weiß, hat nicht nur gegenüber anderen Menschen einen enormen Vorteil beim Erreichen seiner Ziele, sondern auch beim Verstehen, wie und warum Menschen so handeln, wie sie handeln. Gerade für Menschen, die im Vertrieb tätig sind, ist das eine sehr wichtige Erkenntnis.

Keine Angst, nun wird es nicht unverständlich wissenschaftlich. Eher humorvoll und mit vielen Bildern, die in Ihrem Kopf entstehen. Denn unser Gehirn ist ein Erlebnisspeicher und kein Datenspeicher. Ich lade Sie nun ein in die interessante Welt der Neurowissenschaft. Wichtig und mit Sicherheit mit einem „WOW-Effekt“.

Ihr Kraftwerk zwischen den Ohren

Für alle Verhaltensweisen gibt es noch einen weiteren Grund: unser Gehirn! Hat übrigens jeder von uns, munkelt man. Es ist von Natur aus eine faule Socke und geht immer den Weg des geringsten Widerstands. Kommt Ihnen das bekannt vor? Unser Gehirn wiegt zwar nur ca. 1,5 kg und macht nur rund 2 % unseres Körpergewichtes aus, aber es verbraucht mehr als 20 % unserer gesamten Energie.

Es verfügt über mehr als 100 Milliarden Nervenzellen. Können Sie sich diese Zahl überhaupt noch vorstellen?

So sieht sie aus: 100.000.000.000. Untereinander gehen diese Nervenzellen etwa 70 bis 100 Billionen Verknüpfungen ein. Da können Sie schon mal 100.000 Nervenzellen für einen Vollrausch investieren, wenn die Party gut ist. In jeder Sekunde nimmt unser Gehirn ca. 40.000 Reize aus der Umgebung auf, filtert und speichert diese.

Zur Verarbeitung eines Reizes benötigt es lediglich circa dreitausendstel Sekunden. Diese hohe Übertragungsgeschwindigkeit gewährleisten die Synapsen. Das sind die Kontaktstellen zwischen den einzelnen Nervenzellen.

Pro Tag haben wir zwischen 40.000 und 70.000 Gedanken, und wir treffen mehr als 50.000 Entscheidungen. Jetzt sind wir an dem Punkt, wo so langsam Rauch aus Ihrem Gehirn austreten würde. Was macht das Gehirn, um sich zu schützen?

Jedes Mal, wenn das Gehirn über unsere Sinnesorgane einen Impuls erhält (Leber und Darm gehören jetzt nicht gerade zu den Sinnesorganen), dann verbinden sich Nervenzellen, und es entsteht ein neuronales Netzwerk. Wenn eine neue Verbindung nicht innerhalb von 24 Stunden weitere neue Impulse erhält, dann wird sie vom Gehirn wieder gelöst und somit gelöscht.

Also, eine Art Sicherung im Gehirn oder besser erklärt: Es ist wie bei McDonalds, wo jeder Burger, der nicht innerhalb von zehn Minuten verkauft wird, im Müll landet. Das nennt man dann Qualitätssicherung. Was für eine Verschwendung, oder? Dabei reichen täglich fünf Minuten, um dies zu verhindern und unserem Ziel ein Stück näher zu kommen.

Positive Signale setzen uns in Bewegung und ändern unser Trägheitsgesetz. Und was begeistert Sie? Alles, was Sie nach einer Entscheidung nicht innerhalb von 72 Stunden umsetzen, werden Sie niemals umsetzen. Umsetzen bedeutet nicht, Ihre Aufgabe abzuschließen, sondern weiter an sie zu denken, zu fühlen und dadurch zu handeln.

Nur circa 7 % dieser Prozesse laufen bewusst und 93 % unbewusst, in Form von Gewohnheiten, in unserem Gehirn ab. Also passen Sie immer schön auf, was Sie denken. Denn es könnte Ihnen nachher bereits auf der Straße begegnen.

Seepferdchen im Kopf

Wie bitte? Ich habe doch kein Aquarium im Kopf! Auch wenn man einigen Unternehmen und Behörden nachsagt, einen „Wasserkopf“ zu haben. Gemeint ist hier der Hippocampus, ein Seepferdchen-förmiges Hirnareal, das zentral für das bewusste Abspeichern und Abrufen von Erinnerungen verantwortlich ist. So dachte man bisher. Nun haben pfiffige Forscher der Universität Bern in der Schweiz herausgefunden, dass der Hippocampus auch für das unbewusste Abspeichern und Erinnern des Erlebten notwendig ist.

So wie eine Reality Soap im Fernsehen in Episoden aufgebaut ist, erleben auch wir Menschen tagtäglich Episoden, an die wir uns später erinnern. Der Begriff „episodisches Gedächtnis“ bezeichnet dabei Verknüpfungen zwischen Personen, Objekten, Raum und Zeit. Ein simples Beispiel für so eine Episode ist: Ein guter Freund hat Ihnen gestern in einem Restaurant mein Buch geschenkt. „Ist ja ganz nett“, denken Sie, „das haut mich jetzt aber nicht wirklich vom Hocker.“

Immer ruhig mit den wilden Pferden. Es erklärt nämlich, warum diese hohe Anzahl an Informationen in unserem Kopf zustande kommt: Sie nehmen unbewusst viel mehr auf, als Sie ahnen. Was machen Sie aus diesem unglaublichen Potenzial an Kreativität in Ihrem Kopf?

In einem Gedächtnistest hat man Probanden gut sichtbare Wortpaare gezeigt. Ein solches Paar bestand zum Beispiel aus Synonymen zu bereits unbewusst gelernten Wortpaaren wie „Cello – Mandarine“. Die Idee dahinter war, dass Probanden Worte eher als zueinanderpassend beurteilen, wenn sie sich unbewusst daran erinnern, dass sie ähnliche Verknüpfungen zuvor schon gesehen haben. Das „Seepferdchen“ ist also ein ganz schön cleveres Kerlchen.

Somit empfinden wir Dinge oder Sachverhalte in unserem Leben als logisch und zueinanderpassend, wenn wir diese unbewusst gelernt haben und sie später bewusst wiedererkennen. Ein Kind, das unbewusst gelernt hat: „Obst ist nicht lecker“, weil es in der Familie so gut wie kein Obst gab, wird auch als Erwachsener im Supermarkt stets daran denken und am Obstregal schnurstracks vorbeilaufen. Jedenfalls solange, bis er es probiert hat, als lecker und gesund empfindet und sein Gehirn umprogrammiert. Also sagen Sie nicht immer gleich: „Das mag ich nicht“, sondern probieren Sie einfach vieles im Leben mal aus.

Genauso verhält es sich auch mit Menschen die gelernt haben, Geld ist schlecht und reiche Menschen sind Verbrecher. Diese Menschen leiden ihr Leben lang unter Geldmangel, weil sie bewusst darauf achten, bloß nicht finanziell unabhängig zu werden. Viel zu groß ist die Angst, ein schlechter Mensch zu werden. Ganz schöner Quatsch, oder?

Dies ist im Übrigen auch eine sehr gute Methode, um Fremdsprachen zu lernen. Wir lernen zuvor unbewusst Worte in einer Art Suggestion, also in einem entspannten Zustand – die Vokabeln über Kopfhörer und zeitgleich visuell auf einer Leinwand, während wir entspannt in einem Sessel sitzen. Sie werden in unserem Unterbewusstsein abgespeichert und wir können diese später bewusst in der Realität abrufen, sobald wir einen bekannten Gegenstand sehen. Ich mag dieses süße „Seepferdchen“.

Somit wird deutlich, dass beim Gedächtnis verschiedene Hirnbereiche zusammenwirken. Zwar ist vieles an dieser Wechselwirkung noch ungewiss, bekannt ist aber, dass Erinnerungen hauptsächlich in der Hirnrinde gespeichert werden und sich die Schaltzentrale, die Gedächtnisinhalte erzeugt und auch wieder abruft, im Inneren des Gehirns befindet. Eben in diesem Hippocampus. Quasi der Eingang zum Gehirn. Putzig, warum muss ich bei Hippo immer an Nilpferd denken?

Wie heißt du noch?

Vergessen Sie auch schnell einen Namen, nachdem sich jemand vorgestellt hat? Jetzt können Sie gleich in die nächste Apotheke laufen und die Pharmaindustrie bereichern, oder Sie lesen aufmerksam weiter, wie unser Gedächtnis funktioniert.

Unser Gedächtnis besteht genau genommen aus drei Gedächtnissen: dem Ultrakurzzeitgedächtnis, dem Arbeitsgedächtnis und dem Langzeitgedächtnis. Das Ultrakurzzeitgedächtnis ist die erste Anlaufstelle für alle Signale, die wir erhalten. Die Signale werden wie bei der Briefsortierung der Post in einzelne Fächer, sogenannte sensorische Register, einsortiert. Was wir sehen, landet im visuellen Register, was wir hören, im auditiven Register und so weiter. Wichtig ist, dass diese Register so gut wie keiner Begrenzung der Speichermenge unterliegen.

Jetzt verstehe ich übrigens auch, warum die bei der „Zalando"-Werbung immer so schreien. Shoppen ohne Limit. Immer rein ins Postfach.

Die Speicherdauer hingegen beträgt nur circa 0,5 bis maximal 2 Sekunden. Machen Sie sich mal den Spaß und fragen jemanden, der soeben auf die Uhr gesehen hat, zwei Sekunden später nach der Uhrzeit. Herrlich!

So, die erste Postverteilung der Informationen ist erledigt. Und wie geht es nun weiter? Kleine, schnuckelige Postboten öffnen in Millisekunden die Briefe und trennen sie nach wichtig und unwichtig. Die Wichtigen ins Töpfchen, die Unwichtigen ins Kröpfchen. Also raus damit und löschen. Die wichtigen Informationen werden an unser Arbeitsgedächtnis weitergeleitet.

Und wie erkennen die kleinen Postboten, welche Briefe wichtig sind und welche nicht? Ganz einfach, das richtet sich danach, welche Interessen bei uns gerade aktiv sind und wie hoch der Grad unserer Aufmerksamkeit ist. Nur das, was uns interessiert und unsere Aufmerksamkeit weckt, wird weiterverarbeitet. Der Rest fliegt raus, als hätte es nie stattgefunden, obwohl es ein Teil der Wirklichkeit ist. Einfach gesagt: Alles, was wir sofort wieder vergessen, interessiert uns nicht wirklich.

An dieser Stelle möchte ich anmerken: Ich liebe es, wenn Paare in meinen Vorträgen sitzen und ein Partner zum anderen sagt: „Jetzt wird mir einiges klar.“

Der Platz in unserem Arbeitsgedächtnis ist im Gegensatz zu dem im Kurzzeitgedächtnis begrenzt, und zwar auf sogenannte Informationseinheiten. Davon kann es immer nur, für einige Sekunden bis wenige Minuten, um die sieben Stück verarbeiten. Genauer gesagt, zwischen fünf und neun. Aber ich kann mir doch ganze Sätze merken? Richtig, aber auch nur, weil das Arbeitsgedächtnis eine Standleitung zum Langzeitgedächtnis hat. Das bedeutet, dass permanent zwischen fünf und neun Informationen nach oben geschickt werden, die Jungs dort im WorldWideWeb der Erinnerung nach bereits bekannten Begriffen schauen und diese dann wieder runterschicken ins Arbeitsgedächtnis. Somit wird aus fünf bis neun Informationen plötzlich ein Paket, das man Chunks nennt. Wir haben aus fünf bis neun Buchstaben ein Wort gemacht. Jetzt hat das Arbeitsgedächtnis wieder Platz und schickt die nächsten Informationen hoch. Natürlich alles mit einer Flatrate von bis zu 100 MBit/s. Ganz schön was los da oben, oder? LTE im Gehirn.

Genau hier passieren Fehler. Wenn wir ein Buch still lesen, findet permanent dieser Informationsaustausch im Gedächtnis statt. Es kann vorkommen, dass wir vom Langzeitgedächtnis ein Wort geliefert bekommen, das so gar nicht im Buch steht, aber so ähnlich klingt. Reicht doch, oder? Sie wissen doch, Zeit ist Geld. Muss halt alles ruckizucki gehen im Gehirn.

Das Ergebnis ist: Wir lesen etwas, was dort gar nicht steht. Daher empfehle ich Ihnen, ein Buch immer so laut zu lesen, dass Ihre eigenen Ohren hören, was Sie da lesen. Nun hat das Bewusstsein die Chance zu sagen: „Hä? Was liest du denn da für einen Müll? Ergibt ja gar keinen Sinn. Lies den Satz besser noch mal.“ Und dann lesen Sie das, was auch wirklich vor Ihnen liegt.

Lange Rede, gar kein Sinn. Nun probieren wir das mal aus. Sie merken sich bitte die folgende Zahl innerhalb von fünf Sekunden. Dann drehen Sie das Buch kurz um und wiederholen die Zahl. Verstanden? Dann geht sie los, die wilde Fahrt: 64256

Diese Zahl bestand aus fünf Informationseinheiten. Also alles im grünen Bereich für unser Arbeitsgedächtnis, ohne dass wir die Jungs im Langzeitgedächtnis wecken mussten.

Weiter geht's. Diesmal eine Zahl aus neun Informationseinheiten und wieder fünf Sekunden Zeit. Merken, Buch umdrehen und aufsagen. Und bitte: 483461357

Puh, das war schon schwieriger. Aber vielleicht haben Sie es noch geschafft. Machen Sie es sich doch leicht und verpacken diese neun Informationseinheiten einfach in drei Pakete. Denn dann sieht die Zahl so aus: 483 461 357

Ein simpler Trick, uns das Leben leichter zu machen, wenn man weiß, wie es funktioniert.

Und wie werden zu guter Letzt die wirklich wichtigen Informationen im Langzeitgedächtnis gespeichert? Sie haben schon erfahren, dass in unserem Gehirn, genauer in unserem Langzeitgedächtnis, neuronale Netzwerke entstehen, die wir durch neue Impulse verstärken können.

Es entsteht eine Hirnstruktur. Das Interessante dabei ist, dass das eigentliche Einspeichern in unserem Langzeitgedächtnis für einen dauerhaften Abruf erst entsteht, wenn wir selbst aufgehört haben, uns bewusst mit den Lerninhalten zu befassen. Je konzentrierter Sie etwas lernen, umso schneller können Sie sich auf die faule Haut legen. Den Rest erledigt Ihr Gehirn im Schlaf. Und der ist wichtig, um die Inhalte abzuspeichern. Das ist für alle, die unter Schlafstörungen leiden, eine Erklärung, warum sie sich manche Dinge so schwer merken können.

Quälen Sie also Ihr Kind nicht durch ständige Wiederholungen eines Inhaltes, dies führt eher zu einer Überforderung. Fördern Sie lieber die Konzentration, das Verständnis und das Interesse Ihres Kindes für die Aufgabe. Nehmen Sie den Druck aus dem Lernen heraus. Lernen ist bei viel zu vielen Kindern negativ behaftet. Gehen Sie mit Spaß an die Sache und versuchen Sie, durch viele Beispiele Bilder im Gehirn Ihres Kindes zu erzeugen. Warum nicht mal den Schreibtisch gegen den Garten oder einen Park tauschen. Sie werden verblüfft sein, wie viel Freude das Lernen plötzlich bereitet.

Kurz und knapp: Lernen – schlafen gehen – Erfolg haben.

Gewohnheitstier

„Was der Bauer nicht kennt, frisst er nicht“ oder „Das haben wir schon immer so gemacht.“ Fällt Ihnen auch eine ablehnende Aussage ein, wenn es um die Änderung einer Gewohnheit geht? Neben dem lebenslangen Boxkampf mit unserem Kritiker ist dies eine der schwersten Aufgaben in unserem Leben: eine Gewohnheit zu ändern.

Ach, was sind wir doch kreativ im Erfinden von Ausreden! Und wenn wir keine Ausrede finden, dann können wir ja immer noch einfach meckern. Oder wir reden uns mit unserem inneren Schweinhund heraus, der von unserem inneren Kritiker an der Leine Gassi geführt wird.

Wer lernt, sich nicht mehr hinter Ausreden zu verstecken, sondern in jeder Situation zu handeln, ist in der Lage, etwas zu ändern. Ein „Ich kann nicht“ stellt sich bei näherer Betrachtung fast immer als ein „Ich will nicht“ heraus. Frappierend nur, dass oftmals genau diese Menschen die Stimme am lautesten erheben, wenn es am wenigsten angebracht und an Kurzsichtigkeit nicht zu überbieten ist.

Aber nicht nur unser Denken spielt eine wichtige Rolle auf unserem Weg zum Persönlichkeitserfolg, sondern auch unsere Kommunikation. Im schlimmsten Fall findet gar keine Kommunikation zwischen Menschen statt, in den meisten Fällen wird jedoch viel geredet und wenig verstanden. Welche Macht einzelne Worte haben können, haben Sie entweder bereits am eigenen Leib erfahren oder Sie erfahren es auf den nächsten Seiten.

So, mein kleines Gewohnheitstier, dann komm mal her, ja fein, dich setzen wir nämlich jetzt erst mal vor die Tür. Denn Sie haben noch viel vor in Ihrem Leben, oder?

Erster-Klasse-Ticket für den Jammerlappen Express

Die Änderung von Gewohnheiten ist eine der schwierigsten Aufgaben für uns Menschen. Wir sind so sehr konditioniert auf unsere erlernten Verhaltensmuster, dass unser Unterbewusstsein sämtliche Veränderungen zunächst nicht beachtet, sie ablehnt oder verurteilt.

Wie oft habe ich in all den Jahren den Satz: „Ich habe keine Zeit ..." von meinen Klienten gehört. Der Tag hat immer 24 Stunden, für jeden Menschen auf dieser Welt, egal auf welchem Kontinent er lebt. Wer diesen Satz ausspricht, sagt zu sich selbst: „Ich bin nichts wert." Er widmet seine Prioritäten weiterhin den Dingen, die sich bisher als nicht förderlich für ein glückerfülltes Leben herausgestellt haben. Wie soll denn etwas positives Neues beginnen können, wenn ich dafür keine Zeit habe?

> „Um im Leben Neues zu erfahren, ist es notwendig, von Ast zu Ast zu springen. Dabei ist es wichtig, immer erst den alten Ast loszulassen, bevor ich den neuen greifen kann."

Leider reagieren die meisten Menschen erst, wenn das Kind in den Brunnen gefallen ist. Die harmloseste Variante ist es noch, wenn mich die Vorstandsassistentin anruft und sagt: „Mein Chef steht am Flughafen und geht vor lauter Angst nicht über die Gangway." Ganz anders verhält es sich, wenn ich von einer völlig aufgelösten und verängstigten Ehefrau angerufen werde, deren Mann „ganz plötzlich" mit einem schweren Herzinfarkt ins Krankenhaus gekommen ist. Es sind im Übrigen oft die Frauen, die die Initiative für eine Lebensänderung ergreifen. Auch für ihren Partner.

Sind wir denn verrückt, so mit unserem Leben umzugehen? Wir haben doch nur das eine. Das geht sogar so weit, dass wir lieber leiden, als etwas zu ändern. Es gibt Menschen, die sind so unglücklich mit ihrer beruflichen Situation, dass sie sich morgens vor der Arbeit übergeben müssen. Aber nicht einmal dies bewegt sie dazu, etwas zu ändern. Was sind schon körperliche oder seelische Schmerzen. Wenn mir das linke Bein wehtut, dann hau ich mir einfach aufs rechte Bein. Dann merke ich den Schmerz im linken Bein nicht mehr. Hallo? Darf ich Ihnen mal kurz den Kopf waschen? Wachen Sie auf und zwar jetzt.

Ach, mach ich morgen

Denken Sie einmal an eine unliebsame Aufgabe im Haushalt oder in Ihrem Leben, die Sie noch zu erledigen haben. Vielleicht das Bad putzen, die Küche aufräumen, den Müll rausbringen oder die Steuererklärung endlich fertig machen. Wenn Sie nur allein an diese Aufgaben denken, spüren Sie, wie Ihre körperliche Energie in den Keller sackt. Ihnen werden sofort 100 Argumente einfallen, was Sie stattdessen tun können, statt diese Aufgaben zu erledigen.

> **Es geht nicht darum, dass Sie nicht können, sondern darum, dass Sie nicht wollen!**

Wie können Sie das ändern? Es gibt immer Aufgaben in unserem Leben, die uns nicht gerade zu Jubelschreien verführen. Und dennoch müssen sie erledigt werden, weil sie zum Leben dazugehören. Setzen Sie sich hin und notieren Sie alle Aufgaben, die wiederkehrend Ihr Leben begleiten. Bei welcher Aufgabe schnürt sich Ihr Hals schon zu, wenn Sie nur daran denken?

Wir haben nun zwei Möglichkeiten. Ich kann, wenn ich zum Beispiel nicht bügeln mag, die Bügelwäsche in die Reinigung bringen. „Aber das kostet ja Geld", höre ich Sie sofort sagen. Verstehe, Ihre Lebenszeit ist Ihnen also so wenig wert, dass Sie diese Ausgabe lieber tagtäglich in völlig nutzlose Investitionen stecken. „Boom, das war jetzt unfair", denken Sie. Es ist aber die Wahrheit.

> **„Leben beginnt mit dem Verlassen der Komfortzone."**

Es gibt noch eine zweite Möglichkeit. Was Sie nicht gerne erledigen, löst bei anderen eine wahre Freude aus. Warum suchen Sie sich nicht Menschen in Ihrer Umgebung, die diese Aufgaben gerne für Sie erledigen?

Im Gegenzug findet sich mit Sicherheit eine Aufgabe, die diese Person nicht gerne erledigt, die für Sie aber kein Problem darstellt. Ihnen fällt es schwer, wichtige Unterlagen zu sortieren und in Ordnern abzuheften? Andere tun dies gerne und mit einer solchen Leichtigkeit, dass sie nur einen Bruchteil der Zeit benötigen, die Sie dafür brauchten. Also, bewegen Sie sich!

Killerworte in unserem Kopf

Wenn Sie in Ihrem Leben etwas verändern wollen, verändern Sie nichts! Nein, keine Angst, ich bin nicht betrunken. Ich meine es genauso, wie ich es sage. Es liegt an dem Wort:

> verändern

Wenn dieses Wort in Ihrem Gehirn ankommt, gehen sofort die Rollläden runter mit dem Schild „Wegen Angst geschlossen." Das glauben Sie nicht? Probieren Sie es aus. Wenn ich es Ihnen sage, dann schließen Sie die Augen, achten auf Ihr Gefühl und sagen laut:

> „Jetzt geht es los. Ich verändere mein Leben."

> Jetzt

Was haben Sie gespürt? Leere, Panik, Angst, Ohnmacht. Oder einfach nichts? Wir machen es noch mal. Diesmal mit dem Satz: „Jetzt geht es los. Ich ändere mein Leben."

> Jetzt

Und? Schon etwas besser? Jetzt zeige ich Ihnen, wie Sie mit dem gleichen Inhalt ein positives Gefühl erzeugen können. Schließen Sie gleich wieder die Augen und sagen Sie folgenden Satz:

> „Ich fange ab sofort an zu leben!"

In unserem Gehirn befinden sich überwiegend, als negativ gespeichert, Worte mit der Vorsilbe „ver". Dazu gehören unter anderem:

> verbieten / versagen / verlieren / verraten / Verbrechen / verurteilen

Es gibt natürlich auch positive Worte in unserem Gehirn mit der Vorsilbe „ver“:

> **verliebt / vergnügt / verträumt / verreisen / verheiratet**

Okay, bei dem letzten Wort bin ich mir jetzt nicht so sicher. Nur erzeugen diese positiven Wörter bei den meisten Menschen weniger Energie als die negativen Worte. Zum Glück können wir diese Selbstsabotage noch optimieren. Wenn Sie Ihre Ziele mit Sicherheit und doppeltem Boden nicht erreichen wollen, dann verwenden Sie regelmäßig Worte wie:

> **sollte / hätte / könnte / würde / müssen**

Ich sollte glücklich sein, ich hätte erfolgreich sein können in meinem Leben, ich könnte mich verlieben, ich würde gerne in Urlaub fahren oder ich muss noch einkaufen gehen. Glückwunsch! In Ihnen steckt ja ein hochbegabter Programmierer. Denn mit diesen Worten programmieren Sie Ihr Lebensverhinderungsprogramm.

Wozu das? Ich bin mir sicher, dass Microsoft Ihnen dieses Programm niemals abkaufen wird. Wenn Sie sagen: „Ich muss noch einkaufen gehen“, klatschen Wirtschaftspsychologen vor Freude in die Hände. Denn dann sind Sie nicht nur in der Opferrolle, sondern Sie begeben sich auch in den psychologisch bis aufs Kleinste ausgeklügelten Supermarkt. Und zack die Bohne haben Sie wieder lauter Dinge gekauft, die Sie gar nicht kaufen wollten. Einkaufen gehen zu dürfen ist ein Privileg unserer westlichen Welt. Millionen Menschen würden alles dafür geben, wenn sie diese Möglichkeit hätten. Werden Sie dankbar für das, was Sie im Leben haben und nicht mehr wahrnehmen.

Für mich gibt es ein Unwort des Jahrtausends. Streichen Sie dieses Wort ab sofort aus Ihrem Wortschatz, und Ihr Leben wird abgehen wie Schmidts Katze:

> **eigentlich**

Wofür soll dieses völlig unsinnige und überflüssige Wort stehen? Eigentlich bin ich glücklich. Eigentlich bin ich erfolgreich. Eigentlich ist mein Leben schön. Als Doppelwhopper: „Eigentlich würde ich dich heiraten." Oder versuchen Sie mal den hier bei Ihrem Partner: „Schatz, eigentlich liebe ich Dich." Dann stellen Sie sich schon mal auf das folgende Fratzengeballer ein, wie wir hier in Hamburg sagen würden. Es wird am Anfang nicht ganz leicht sein und bedarf etwas Übung, aber achten Sie nicht nur auf Ihre Gedanken, sondern auch auf Ihre Worte.

Verwenden Sie ab sofort nur noch positive Worte wie …

> erweitern / verbessern / verschönern / machen / wollen / werden / sein

Motivationsspritze

„Freundlichkeit ist eine Sprache, die Taube hören und Blinde sehen."
(Mark Twain)

Ursache und Wirkung

Nach dem Gesetz der Gegensätzlichkeit besteht unser Leben aus Ursache und Wirkung. Wir wissen: Wo es oben gibt, gibt es auch unten, wo links auch rechts, wo Licht auch Schatten. Der Volksmund kennt die Weisheit: „So wie man in den Wald hineinruft, so schallt es heraus.“ Das Prinzip von Ursache und Wirkung beschreibt die zwischenmenschlichen Beziehungen, die Art, wie wir miteinander umgehen und wie unser Leben verläuft. Bewusst erleben wir stets die Wirkung. Die Ursache trägt die Informationen darüber, wie es zur Wirkung gekommen ist. Freundlichkeit erzeugt Freundlichkeit, Druck erzeugt Gegendruck. Gleiches zieht Gleiches an.

Darum spielt die Eigenwahrnehmung eine wichtige Rolle auf dem Weg zu Ihrem Persönlichkeitserfolg. Wer das Gefühl zu sich selbst verloren hat, der kann weder Gefühl geben noch empfangen. Es ist wichtig, sich von Zeit zu Zeit zu hinterfragen, warum wir die Dinge, die wir regelmäßig wiederholen, immer in der gleichen Art und Weise tun. Warum gehen wir immer den gleichen Weg oder fahren immer die gleiche Strecke mit dem Auto. Warum kaufen wir immer die gleichen Lebensmittel anstatt neue zu probieren?

Oftmals erkennen wir nicht auf den ersten Blick, welche Botschaft wirklich hinter einer Handlung steckt. Erst wenn wir uns intensiv damit auseinandersetzen, erleben wir eine Bewusstseinserweiterung und bekommen somit die Möglichkeit, etwas in unserem Leben zu ändern. Erst gilt es zu erkennen, welchen Platz wir in dieser Welt wirklich haben, um dann ein selbstbestimmtes Leben führen zu können in den Bereichen, in denen es möglich ist.

> „Deine Zeit ist begrenzt. Vergeude sie nicht damit, das Leben anderer zu leben.“ (Steve Jobs)

Leben besteht aus Ursache und Wirkung

Unser Leben funktioniert nach dem Prinzip von Ursache und Wirkung, ob Sie dies nun anerkennen wollen oder nicht. Wer sich nach außen hin verschließt, der kann auch nichts Positives empfangen. Wann haben Sie das letzte Mal die Bäckereifachverkäuferin in Ihrer Bäckerei angelächelt und ihr ein Kompliment gemacht? Oder Ihrem Postboten gedankt, dass er oder sie sich bei Wind und Wetter für Sie durch die Gegend kämpft, um Ihnen Ihre Post zu bringen? Es kostet nichts und kommt doppelt zu Ihnen zurück.

Aber wir lassen uns leiten von unseren vorgefertigten Meinungen. Ein Besuch beim Finanzamt gleicht einem Hundekampf mit einer Bulldogge. Ihnen sitzt aber nicht ein schlechtgelaunter Beamter gegenüber, sondern ein Mensch mit Gefühlen, der Ihnen gerne weiterhilft, wenn Sie ihm Wertschätzung und Anerkennung entgegenbringen. Denn das ist es doch, was Sie sich selbst auch wünschen. Gib immer erst anderen, was du dir selbst wünschst. Und dies stets ohne Erwartungen.

Wie viele Menschen träumen davon, sich einen Sportwagen zu kaufen? Nun sind Sie vielleicht noch nicht in der finanziellen Situation, dieses Ziel zu erreichen. Und was machen Sie? Sie zerplatzen vor Neid und schimpfen auf die, die bereits jetzt in ihrem Traumwagen sitzen. So werden Sie dieses Ziel leider nie erreichen. Warum auch, denn Sie wollen natürlich nicht, dass andere über Sie schimpfen und neidisch auf Sie sind, wenn Sie in diesem Wagen sitzen. Was für ein Ironie, oder? Freuen Sie sich für alle Menschen, die bereits das besitzen, was Sie gerne erreichen möchten.

Amerikaner sind uns, zumindest in diesem Punkt, weit voraus. Wenn Sie dort Ihren Erfolg zeigen, ernten Sie Applaus und Glückwünsche. Für sie ist es Ansporn, das Beste aus ihrem Leben zu machen. Wir Deutschen haben da leider ein wirklich großes Defizit. Wenn wir es wagen, Hilfe von einem Coach, Trainer oder gar Therapeuten anzunehmen, dann sind wir ja solche Loser, weil wir unser Leben nicht allein auf die Reihe bekommen. So ein Quatsch! Hier ein Appell an alle Führungskräfte: Wer so denkt, setzen!

> „Erfolgreiche Geschäfte werden immer über emotionale Beziehungen zwischen Menschen gemacht."

Wenn unser Gehirn über unsere Sinnesorgane, zum Beispiel Hören, Sehen oder Schmecken, einen Impuls erhält, dann denken wir in Sekundenschnelle eine Be- oder gar Verurteilung. Und leider hört dann in unserer ach so logisch-rationalen Welt die Denkleistung bei den meisten Menschen auf, und wir gehen weiter zum nächsten Impuls.

Ein besonders negatives Beispiel dafür ist Facebook. Ohne sich Gedanken zu machen, verurteilen und verletzen hier Menschen andere Menschen verbal bis aufs Schärfste. Ein regelrechter „Shitstorm" setzt ein. Wenn die betroffene Person keinen Ausweg mehr sieht und den Suizid wählt, dann kneifen alle den Schwanz ein und niemand will es gewesen sein. Leute, erst den Kopf einschalten und dann die Finger über die Tastatur fliegen lassen! Und vor allem den Arsch in der Hose haben, sich vor Gericht verantworten, wenn man durch seine Beschimpfungen und Beleidigungen an einem Suizid mitverantwortlich ist. So, dass musste jetzt mal raus.

Wenn ich einem Kind eine Banane als „igitt" verkaufe, wird es genauso empfinden und die gesunde Banane verschmähen. Aber es ist auch noch ein Kind, mit einem noch nicht ausgeprägten Bewusstsein. Und schon gar nicht wird es einem Erwachsenen widersprechen, der es zum Überleben versorgt. Aber Sie sind erwachsen und haben eine eigene Meinung und ein Bewusstsein. Es wird immer mehr Menschen geben, die Ihrem Leben und Ihren Zielen kritisch und abwertend gegenüberstehen, wenn Sie nicht darauf achten, sich überwiegend mit den richtigen Menschen zu umgeben.

Das Erste, was ich vor vielen Jahren von meinem Mentor gelernt habe, war:

> „Wenn du erfolgreich sein willst, dann umgib dich mit erfolgreichen Menschen."

Wenn Ihr Ziel finanzielle Unabhängigkeit ist, dann stellen Sie sich mal am Samstagmorgen in eine Fußgängerzone, breiten die Arme aus und rufen laut: „Ich werde Millionär." Was passiert? Das muss ich Ihnen sicherlich nicht erklären. Wenn ein Hund Ihnen ans Bein pinkelt, sind Sie ganz weit vorn. Suchen Sie stattdessen die Nähe von Menschen, die genau diese finanzielle Unabhängigkeit bereits erreicht haben. Dort versteht man Sie und wird Sie bestärken, Ihren Weg unbeirrt weiterzugehen. Augen auf bei der Wahl Ihres Freundeskreises.

Wirkung ist immer das, was wir „greifen" können. Eine Handlung, ein Erlebnis, eine Konfrontation oder ein Ereignis. Ursache ist immer der Ausgangspunkt, der zur Wirkung geführt hat wie Träumen, Fühlen und natürlich Denken. Die meisten Menschen bewegen sich nur noch auf der ersten Gedankenebene, der logisch-rationalen Ebene in der linken Gehirnhälfte.

Um jedoch ein selbstbestimmtes Leben zu führen, ist es wichtig, wieder zu lernen, sich auf die zweite Gedankenebene, die emotionale Ebene in der rechten Gehirnhälfte zu begeben. Denn nur hier arbeiten Sie mit Ihrem Bewusstsein und werden nicht von den Gewohnheiten aus dem Unterbewusstsein gelenkt.

Liebe Männer, für Sie jetzt ein absoluter Geheimtipp, wie Sie einen so positiven Eindruck bei Frauen hinterlassen können, dass Sie sie nie wieder loswerden. Wenn Sie also an einem kuscheligen Abend mit Ihrem Schatzi zusammen auf dem Sofa sitzen und sie anfängt, über sich, ihre Träume, Sorgen oder Ängste zu erzählen, dann sind Sie nur für einen begrenzten Zeitraum aufnahmefähig. Nein, ich meine nicht, weil die Sportschau anfängt, sondern weil das männliche Gehirn von Natur aus so reagiert. Nun legt sich der Schalter im Gehirn von Zuhören auf Aktivität um und Sie fangen an, gutgemeinte Lösungsvorschläge wie Arien dahinzuschmettern. Wir Männer können nun mal nur eine Sache auf einmal.

Damit erreichen Sie aber genau das Gegenteil von dem, was sich Ihre Partnerin gewünscht hat: bedingungsloses Zuhören. Und Sie können ganz sicher sein, wenn Ihre Partnerin Hilfe möchte, dann wird sie Ihnen das klar sagen. Dann können Sie immer noch Ihre geballte Männlichkeit ausleben. Legen Sie den Schalter im Gehirn wieder zurück auf Zuhören, und Sie werden die Nacht Ihres Lebens haben.

Liebe Frauen, Männer sind nach der Evolution auch im 21. Jahrhundert immer noch Jäger. Vielleicht jagen sie heute keine Mammuts mehr, aber sicherlich Erfolge und Bestätigung, und sie führen Grabenkämpfe.

Wenn ein Urmensch von der Jagd zurückkam, war er müde und hungrig. Also zog er sich für eine Weile in seine Höhle zurück. Nichts anderes machen wir heute. Wenn ein Mann nach einem anstrengenden Arbeitstag nach Hause kommt, braucht er circa 30 Minuten, um sich auf die neue, private Situation einzustellen. Leider ist gerade keine Höhle da, aber eine heiße Dusche, ein entspannender Moment auf der Terrasse oder ein Hobby im Keller tun es auch.

Lassen Sie ihm diese Zeit und er wird danach lammfromm zu Ihnen stoßen und voll und ganz für Sie da sein. Also empfangen Sie ihn bitte nicht gleich an der Tür mit den Ereignissen des Tages. Frauen sind in diesem Bereich wesentlich belastbarer. Vielleicht doch das stärkere Geschlecht. Na, da bin ich mir jetzt nicht so ganz sicher …

> „Man darf die Mehrheit nicht mit der Wahrheit verwechseln." (Jean Cocteau)

In der Hauptrolle: Sie

Ein lauer Sommerabend in Berlin. Ich bin auf einer der zahlreichen Veranstaltungen mit hohem Promifaktor. Der rote Teppich ist ausgerollt, die Sponsorenwand für die Pressefotos der Prominenten steht, im dunklen Himmel tanzen die Lichtkegel. Nach und nach rollen die Limousinen der „Stars" an, die nicht nur die Aufmerksamkeit, sondern auch das Blitzlichtgewitter der Fotografen genießen.

Viele Prominente geben zu, regelrecht süchtig nach dem roten Teppich zu sein. Bleiben Auftritte dieser Art längere Zeit aus, dann hat sich schon der eine oder andere Prominente in sich selbst verloren.

Und dann gibt es ja noch die „Fans", das jubelnde und kreischende Volk hinter der Absperrung. Kaum einer kennt die Prominenten persönlich, die da über den roten Teppich laufen, aber jubeln kann man ja mal. Die Fans sind auch schon seit Stunden vor Ort, um ganz vorne dabei zu sein. Es dauert in der Regel nur wenige Sekunden bis einige Minuten, in denen die Gäste dieser Veranstaltung an dem Zaungastpublikum vorbeiziehen. Wer ein Autogramm erhascht, kehrt glücklich heim in sein doch so ganz anderes Leben.

Wenn wir jetzt einmal die Ultra-Autogrammjäger ausschließen, warum tun Menschen das? Warum verwenden diese Menschen hinter den Absperrgittern ihre kostbare Lebenszeit, um Prominenten zuzujubeln, wenn sich in ihrem Leben dadurch doch so gar nichts ändert?

Bitte verstehen Sie mich nicht falsch, jeder soll tun, was ihm Freude bereitet. Aber doch lieber aus Überzeugung statt aus vermindertem Selbstwertgefühl. Wer von denen steht dort mit der festen Überzeugung, bald selbst über diesen roten Teppich zu laufen? Sicherlich die wenigsten, wenngleich viele davon träumen, ohne zu handeln.

Wenn der letzte Prominente über den roten Teppich geschritten ist, kippt die Stimmung. Drinnen amüsieren sich die Gäste und feiern ausgelassen. Ob wohl noch einer von ihnen an jemanden hinter dem Absperrgitter denkt? Was meinen Sie?

Statt unseren eigenen Erfolgsweg zu gehen, träumen und fotografieren wir das Leben der anderen. In unserem Gehirn entstehen Bilder, welch wundervolles Leben diese „Prominenten" führen, weil sie doch auf roten Teppichen, im Fernsehen oder auf der Bühne zu sehen sind. Und mit Sicherheit unheimlich viel Geld verdienen. So ein Leben möchten wir auch führen.

Wieder sind wir in die Falle unserer logisch-rationalen Gedanken getappt. Lassen Sie uns doch jetzt mal einen Schritt weiter gehen und etwas genauer hinsehen. Wird sich wohl das Bild in unserem Kopf verändern, wenn ich weiß, dass fast 70 % der deutschen Schauspieler weniger als 30.000 Euro im Jahr verdienen? Und nur circa 2 % von der Schauspielerei leben können? Fragen Sie mal, wie viele Schauspieler temporär oder dauerhaft von Hartz IV leben.

Denken Sie mal darüber nach, wenn Sie das nächste Mal vorhaben, vielleicht bei eisigen Temperaturen, stundenlang vor einem Absperrgitter zu stehen. Werden Sie doch lieber Hauptdarsteller in Ihrem eigenen Blockbuster: „Mein erfolgreiches Leben."

Schatz, es ist nicht so, wie es aussieht

Wie schwer es ist, die Dinge in unserem Leben zu erkennen, die uns wirklich wichtig sind, kann man mit dem Sprichwort „Er sieht den Wald vor lauter Bäumen nicht " gut erklären. Ich begleitete den Geschäftsführer eines Immobilienunternehmens, der mit der Aufgabe zu mir kam, sich zwischen seiner Expartnerin in Köln und seiner neuen Liebe in Berlin entscheiden zu müssen. Dieser Zustand schwächte ihn körperlich so sehr, dass er immer wieder in ein tiefes Loch fiel. Dachte er jedenfalls.

Aber von Anfang an: Vor fünf Jahren war er für den Job aus der gemeinsamen Wohnung mit der Exfreundin nach Hamburg in ein kleines und spartanisch eingerichtetes Appartement gezogen. Ein privates Leben fand neben seinem Job kaum statt, was auch dazu führte, dass er hier in Hamburg nur wenige Bezugspunkte hatte. Also fuhr er jedes Wochenende entweder nach Berlin oder nach Köln. Je nach Gefühlslage.

Obwohl es einen Grund dafür gab, dass er sich von seiner Expartnerin getrennt hatte, konnte er einfach nicht loslassen. Dass es dabei nicht um die Frau ging, sondern um die Macht der Gewohnheit, sollte er erst später erkennen. Somit ergab es sich, dass er nach jedem Besuch in Köln, mit viel Streit und fehlender Gemeinsamkeit, am Boden zerstört war, während er aus Berlin überwiegend glücklich zurückkam. Aber er konnte sich einfach nicht entscheiden, sich wirklich voll und ganz auf eine Partnerin einzulassen.

Es dauerte eine ganze Weile, obwohl er von mir immer wieder den Hinweis bekam, dass es nicht um die Entscheidung zwischen den beiden Frauen bei ihm ging. Nur konnte und wollte er das nicht sehen. Ich durfte ihm zu diesem Zeitpunkt die Lösung seiner Aufgabe noch nicht mitteilen, weil er nicht in der Lage gewesen wäre, sie zu verstehen und umzusetzen. Aber ich verstärkte die Aktivitäten, die ihn darauf bringen sollten.

Ich empfahl ihm, mindestens ein Wochenende im Monat in Hamburg zu bleiben und diese Zeit ganz für sich zu nutzen. Ohne Kontakt zu den Damen. Allein diese Aufgabenstellung überforderte ihn, denn was sollte er ein ganzes Wochenende lang tun? Nach und nach begann er doch zu verstehen, worauf ich hinauswollte. Denn er nahm das Tempo aus seinem Leben, entspannte sich und schaffte so die Basis für eine Bewusstseinserweiterung.

Stück für Stück gewöhnte er sich an sein frauenfreies Wochenende und genoss es regelrecht. Er fing an, Hamburg besser kennenzulernen und etwas ganz persönlich für sich und seinen Körper zu tun. Ich ließ ihn einige Wochen so laufen.

Und dann war er da, der Tag der großen Erkenntnis, der sein Leben komplett verändern sollte. Es begann mit einem Satz „Ich fühle mich nicht wohl in meinem Appartement."

„Und warum ist das so?", fragte ich ihn.

Er fing an zu erzählen: „Mir fehlen so viele Dinge aus unserer gemeinsamen Wohnung. Dinge, die wir zusammen ausgesucht haben und die einfach wunderschön sind. Ich denke da an unseren Designeresstisch mit den Stühlen, an dem wir oft mit Freunden gesessen haben, an die Bilder, die tolle Küche und und und." Als er gerade dabei war, dieses Wohlgefühl als Bestätigung für seine Expartnerin zu benutzen, unterbrach ich ihn.

„Es geht hierbei nicht um Ihre Expartnerin. Sie beide haben sich schon vor Jahren auseinandergelebt, weil Sie einfach unterschiedliche Vorstellungen vom Leben haben. Die schönen Jahre dürfen gerne in Erinnerung bleiben. Das passiert sowieso automatisch. Denn das Gehirn speichert auf Dauer nur positive Erlebnisse ab. Aber Sie verwechseln Gewohnheit mit Gefühl oder besser mit Liebe."

Das saß. Er sah mich aus verweinten Augen an.

„Und jetzt sehen Sie sich Ihr Appartement hier an", sagte ich zu ihm. „Sie sind nicht auf der Suche nach einer Entscheidung zwischen den beiden Frauen, sondern auf der Suche nach sich selbst, nach Geborgenheit und einem Zuhause. Seit fünf Jahren haben Sie ihr neues Zuhause hier in Hamburg vernachlässigt und somit einen Spiegel geschaffen, warum Sie sich hier in Hamburg so unglücklich fühlen. Dies war auch Ihr Antrieb, jedes Wochenende hunderte von Kilometern zu fahren: Sie wollten nach Hause kommen."

Was diese Initialzündung bei ihm auslöste, verblüffte selbst mich als Coach. Er änderte radikal sein Leben. Achtete mehr auf sich, kündigte sein Appartement und kaufte sich eine Eigentumswohnung, deren Fertigstellung er noch mitbestimmen konnte. Plötzlich hatte er ein Ziel und viel Freude bei dieser Aufgabe. Es war, als hätte er eine Vitaminspritze von mir bekommen, so körperlich stark war er plötzlich. Fortan fuhr er nicht mehr nach Köln, sondern nur noch nach Berlin. Er hatte eine Entscheidung getroffen und folgte seinem Herzen.

> „Folge deinem Herzen, und du wirst immer die richtige Entscheidung treffen."

Egal, wie groß die Aufgabe war, er ging sie an. Er zog einen Schlussstrich unter die alte Beziehung, kündigte die Wohnung in Köln, teilte die Möbel auf und lagerte seinen „Anteil" ein, bis seine neue Eigentumswohnung bezugsbereit war. Er bekam von allen Seiten tatkräftige Unterstützung, besonders aus der eigenen Familie.

> Ob du eine richtige Entscheidung getroffen hast, merkst du daran: „Alles Gute ist leicht."

Und es geschah noch etwas ganz Wunderbares: Von überall bekam er Lob und Anerkennung zu seiner Entscheidung. Gemeinsame Freunde gestanden ihm, dass sie lieber Kontakt zu ihm halten wollten als zu ihr. Für sie war er der wertvollere Teil dieser Beziehung. Seine neue Liebe zog mit ihrem Sohn zu ihm, und nun leben sie als glückliche kleine Familie in Hamburg.

Das Glück dieses Menschen kann ich kaum in Worte fassen, aber ich bin mir sicher, Sie sehen gerade die richtigen Bilder in Ihrem Kopf. Das ist für mich seit Jahren der Antrieb, dass ich meine Berufung zu meinem Beruf gemacht habe. Wann möchten Sie vor Glück mal wieder weinen und vor Dankbarkeit zerfließen?

Positiv denken lernen

Unser Denken beeinflusst immer unser Handeln. Positiv denken zu lernen ist keine oberflächliche Motivationsweisheit, sondern wissenschaftlichen Ursprungs, der darüber entscheidet, ob wir glücklich und erfolgreich oder unglücklich und erfolglos durchs Leben gehen.

Oft erkennen wir nicht, ob sich eine an uns herangetragene Forderung positiv oder negativ auf uns auswirkt. Wir tun einfach, ohne uns selbst zu hinterfragen. Wer eigenverantwortlich handelt, der gibt sich nicht mit dem Mittelmaß zufrieden, sondern prüft zumindest, ob es nicht noch besser geht, oder ergänzt durch eigene Ideen.

Positiv denken bedeutet nicht, sich blind den Meinungen anderer anzuschließen, sondern seinen eigenen Standpunkt zu prüfen und auch zu kommunizieren. Zugegeben, dies wirkt auf Ihr Umfeld manchmal unbequem, aber immerhin geht es hier um Ihr Leben und nicht um das der anderen.

Positiv denken ermöglicht uns, Grenzen zu überwinden und aus dem Hamsterrad der Gewohnheiten auszubrechen. Zu erkennen, dass ich jedes Mal, wenn ich mich über etwas ärgere oder meckere, die Chance habe, etwas zu ändern. Erfolgreiche Menschen haben dies erkannt und verinnerlicht, aus Problemen Geschäftsideen zu machen und vor allem zu handeln.

Positiv denken macht sexy und man wird sich gerne mit Ihnen umgeben. Dies gilt besonders bei der Auswahl der Menschen, die einen Lebensabschnitt begleiten: Sind es wirkliche Freunde oder doch eher Bekannte?

Der Eliminator falscher Gedanken

Ich möchte Ihnen gerne drei ultimative Werkzeuge an die Hand geben, mit denen Sie ab sofort nichtzielführende Gedanken erkennen und somit Ihr Leben positiv ändern können.

1. Stellen Sie ab sofort in so vielen Situationen wie möglich die Frage: „Wer sagt das?"

Dies ist die erwachsene Version des kindlichen „Warum". Wenn Sie zu einem Kind sagen: „Schatz, ist das ein schöner blauer Himmel", kommt die Frage: „Warum ist der Himmel blau?" Dann stehen Sie aber ganz schön auf dem Schlauch. Nun erklären Sie mal. Es ist so, dass Sie durch die Frage „Wer sagt das?" vom Unterbewusstsein ins Bewusstsein wechseln. Raus aus der Gewohnheit und rein in die Realität. Somit haben falsche oder gar negative Interpretationen in Ihrem Gehirn keine Chance, und Sie werden zum Coach Ihres Gehirns.

2. Wenden Sie in so vielen Situationen wie möglich die Spiegeltechnik an.

Wie kommt das, was ich sage und tue, beim Gegenüber an? Stellen Sie sich die folgende Situation vor, die viele Geschäftsreisende tagtäglich erleben und die ich immer gerne in meinem Seminar für Hotelmitarbeiter beschreibe:

Sie übernachten, sagen wir 100 bis 200 Nächte im Jahr in Business-Hotels. So wie ich auch. Hotels werben gerne mit der individuellen Betreuung der Gäste. Ein ganz persönlicher Service soll es sein, damit sich die Gäste wie zu Hause fühlen. Ich betrete also am Abend die Lobby des Hotels und steuere die Rezeption an. „Guten Abend, mein Name ist Lange, für mich ist ein Zimmer reserviert", sage ich.

Die junge Dame lässt die Finger über die Tastatur fliegen und dann passiert es: „Guten Abend, Herr Lange, herzlich willkommen im Xy-Hotel. Hatten Sie eine angenehme Anreise?" Ich habe zur ihrer Verblüffung diesen Satz einfach mal mitgesprochen, weil ich ihn bereits auswendig kann. Diese standardisierte Begrüßung habe ich in dieser Woche bereits dreimal gehört und in den letzten Monaten ungefähr hundertmal. Individuell fühlt sich irgendwie anders an. Somit fällt in der Regel die Antwort bei den meisten Gästen kurz und knapp aus.

Auch wenn die Damen und Herren hinter der Rezeption es niemals sagen würden, aber die Gedanken über die Reaktionen der Gäste sind frei. Und da ist von eingebildet, arrogant, unfreundlich oder gar Zicke sicherlich alles an Gedankengut dabei. Im schlimmsten Fall wird gedacht: „Habe ich etwas falsch gemacht?"

Wenn ich den Rezeptionsmitarbeitern im Seminar die Frage stelle, wie oft sie denn in ihrem Leben auf der anderen Seite der Rezeption stehen, ernte ich oft Schulterzucken, ein „nur im Urlaub" oder ein „noch nie". Wie sollen sie denn verstehen, was der Gast fühlt und denkt, wenn ihre Sichtweise an der Tresenkante endet? Durch Rollenspiele wird den Teilnehmern bewusst, wie sie wirklich individuell auf den Gast eingehen können. Das Geheimnis liegt in der Authentizität.

Wenn ich sehe, dass ein Gast sehr müde aussieht, werde ich ihn auf ein besonderes Angebot des SPA hinweisen. Oder warum nicht eine Empfehlung des Restaurants? Manchmal bedarf es nur eines kleinen Kicks, um beim Gast eine positive Emotion auszulösen. Und dann hören Sie vielleicht bald: „Oh, vielen Dank, warum eigentlich nicht? Haben Sie noch einen Termin oder Tisch frei?" Und ich verspreche Ihnen, bei der Abreise erhalten Sie ein ganz besonderes Lächeln.

3. Streichen Sie das Wort „man" aus Ihrem Wortschatz.

Also nicht Ihren Mann, sondern nur das Wort „man" wie in der nachfolgenden Behauptung:

„Das macht man nicht"

Wer oder was ist denn dieser „man"? Ist er männlich oder weiblich? Hund, Katze oder Maus? Einer oder viele?

Sie kennen dieses „man" wahrscheinlich schon seit Ihrer Kindheit und erst recht als Erwachsener.

Und schon gilt Regel 1: „Wer sagt das?"

Ich möchte Ihnen dazu eine kurze Geschichte erzählen, wie Sie Ihnen, falls Sie Kinder haben, vielleicht auch schon passiert ist.

Vor vielen Jahren ging ich mit meiner kleinen Nichte an einem Regentag durch eine Fußgängerzone. Stellen Sie sich kleine Kinder vor, wenn sie bei Regen in so einem Ganzkörperkondom mit kleinen Gummistiefeln durch die Gegend laufen. Zu süß!

Plötzlich löste sie sich von meiner Hand, lief geradewegs auf eine Riesenpfütze zu und sprang mit beiden Füssen hinein, dass es nur so platschte. Die Kleine lachte und ich dachte nur, na, das gibt eine Ansage von der Mama. Und dann wurde mein größter Albtraum wahr. Sie sah mich an und forderte mich auf, auch in die Pfütze zu springen. Sofort ging es mir durch den Kopf: „Das macht man nicht!"

Zögerlich stellte ich mich an den Rand der Pfütze und tippte nur mit der Fußspitze ins Wasser. Jedes Mal, wenn ich das Wasser berührte, lachte die Kleine und rief: „Mehr, mehr!" Und aus dem „Das macht man nicht" wurde ein „Warum nicht?" Als wir beide dann in der Pfütze standen, legte mein Kritiker erst so richtig los. „Jetzt kommen sie, die Scharen von Menschen, die kopfschüttelnd an uns vorbeigehen werden!" Aber nichts von alldem geschah.

Ganz im Gegenteil. Plötzlich hüpfte ein kleiner Junge ebenfalls in der Pfütze herum und die Mutter war so amüsiert, dass sie gleich mitmachte. Und es kamen immer mehr Kinder mit ihren Eltern dazu. Das war der erste Pfützen-Flashmob meines Lebens.

Es spielte gar keine Rolle, dass wir von oben bis unten nass und schmutzig waren. Viel wichtiger war die Freude in den Gesichtern der Kinder und Erwachsenen. Weil sie etwas getan hatten, was man nicht macht. Jedes Mal, wenn mir mein Kritiker heute erzählen will: „Das macht man nicht", erinnere ich mich an diese Geschichte und sage: „Warum nicht?"

Von guten Freundschaften und Energieräubern

Jeder Mensch braucht einen guten Freund, der immer da ist und ihn unterstützt – egal, was im Leben passiert. Jemand, der Sie nimmt, wie Sie sind. Dennoch umgeben wir uns immer wieder mit Menschen, die uns nicht gut tun.

Sind Sie verheiratet? Glückwunsch! Sie sind Single? Also sind Sie doch verheiratet. Vielleicht nicht mit einem Mann oder einer Frau, aber zumindest mit Ihren Energieräubern. Ein Bild gefällig? Energieräuber sind die Menschen in Ihrem Umfeld, die statt Arme und Beine Rüssel mit Saugnäpfen haben, um Ihnen Ihr Selbstbewusstsein zu entziehen.

Nehmen Sie sich einen Moment Zeit und notieren Sie alle Menschen, die zu Ihrem näheren Umfeld gehören. Zuerst bitte nur aus Ihrer Erinnerung heraus, ohne Hilfsmittel. Sie müssen nun nicht alle Kollegen Ihrer Firma aufführen, sondern nur die Menschen, die Ihr Leben emotional begleiten. Hier kommt es nicht darauf an, dass diese Menschen in unmittelbarer Nähe sind, sie können auch Tausende von Kilometern entfernt sein. Aber jedes Mal, wenn Sie mit ihnen sprechen, haben Sie das Gefühl, als hätten Sie erst gestern miteinander gesprochen. Listen Sie Paare bitte einzeln auf, denn es sind zwei Individuen. Dies gilt auch für Freundesgruppen.

Schreiben Sie die Namen auf die linke Seite und lassen sowohl auf der rechten Seite wie auch unter dem Namen genügend Platz für Ihre Erkenntnisse. Da ich bereits an diesem Punkt weiß, dass Sie einige wichtige Menschen vergessen werden, nehmen Sie doch Ihr Smartphone zur Hilfe und stöbern mal durch Ihre Kontakte. Bei jedem „Oh, den habe ich ganz vergessen!“ werden Sie gleich schmunzeln. Versprochen.

Wenn Sie mit dieser Liste fertig sind, ordnen Sie jeder Person Eigenschaften zu, die sie wirklich hat und nicht, wie Sie sie gerne sehen würden. Können Sie mit diesem Menschen lachen? Denkt dieser Mensch mehr an sich als an Sie? Ist er ein Fels in der Brandung für Sie oder eher ein pessimistischer, nörgelnder Gefährte? Hört er Ihnen zu oder achtet er darauf, seinen eigenen Faden nicht zu verlieren? Geht er auf Ihre Träume, Wünsche und Ziele ein oder hat er gerade mal einen besserwisserischen Kommentar dazu? Seien Sie ganz ehrlich, denn es geht um Ihr Glück!

Setzen Sie nun Prioritäten. Beginnen Sie mit der Nr. 1 für die wichtigste Person als Gesamteindruck. Wichtig: Sie dürfen nur eine Ziffer pro Person vergeben! Gar nicht so leicht, oder? Es steht Ihnen frei, allen Namen eine Ziffer zu geben, aber ich kann Ihnen bereits jetzt sagen, dass Sie nach 10–15 Namen keine Nummer mehr vergeben wollen. Hier liegt die psychologische Grenze unserer Vorstellungskraft.

Schreiben Sie diese Menschen in der neuen Reihenfolge auf einen neuen Zettel und entscheiden Sie, welche Dinge Sie in Zukunft mit ihnen teilen möchten. Vergleichen Sie nun die Eigenschaften jeder Person mit Ihren Erwartungen und Wünschen an diese Person. Kann er oder sie diese überhaupt erfüllen? Somit schützen Sie sich vor falschen Erwartungen und Enttäuschungen. Widmen Sie den ausgewählten Menschen mehr Zeit Ihres Lebens und allen anderen weniger.

Von Zeit zu Zeit haben wir eine Lebensphase, in der wir denken, dass es im Moment nicht so gut läuft. Dies ist nicht schlimm und gehört zum Leben dazu. Viel wichtiger ist, wie Sie mit dieser Situation umgehen. Vielleicht ist Ihnen das folgende Beispiel auch schon passiert. Eigentlich haben Sie zu Ihren „Freunden“ regen Kontakt. Nur im Moment bedrückt Sie etwas. Seien es Geldsorgen, berufliche oder private Sorgen. Sie teilen dies auf Nachfrage verschiedenen „Freunden“ mit und dann - Funkstille.

Nicht für einen Tag, nicht für eine Woche, sondern für mehrere Wochen. Ich will Ihnen sagen, was passiert ist. Sie haben mit den falschen „Freunden“ gesprochen. Menschen, die in sich ruhen, sind gerade in solchen Situationen füreinander da. Wie es richtige Freunde tun. Diese Personen sind aber wahrscheinlich so sehr mit sich selbst beschäftigt, dass Ihr „Anliegen“ sie einfach überfordert. Daher gehen sie den Weg des geringsten Widerstands und stellen sich tot. Machen Sie sich schon mal Gedanken, wie Sie reagieren werden, wenn sich diese Personen in ein paar Wochen wieder melden und fragen: „Und, ist alles wieder gut?“

> „Am kostbarsten sind die Menschen, die keine großen Reden halten, sondern einem helfen, wenn man sie braucht.“

Mein Haus, mein Auto, mein Tretboot

Der Smalltalk im Zug, der kurze Tratsch beim Brötchenholen, gemeinsame Abende mit Freunden oder Sport treiben – wir Menschen streben danach, uns untereinander auszutauschen und miteinander Zeit zu verbringen, auch wenn wir nicht direkt davon profitieren.

Und wo ist dann der Witz an der Sache?

Sie profitieren indirekt oder besser unbewusst, denn solche Aktivitäten aktivieren unser Belohnungssystem. Beim Umgang mit Maschinen bleibt es dagegen weitestgehend ruhig.

Dazu gehören auch die sozialen Netzwerke wie Facebook, Twitter, Instagram & Co. Virtuelle falsche Freunde können nie den Menschen aus Fleisch und Blut ersetzen und uns so viel mehr geben. Dies haben auch Forscher vom Jülicher Institut für Neurowissenschaften und Medizin in einer sehr aufwendigen Studie ermittelt. Sie bewiesen, dass schon der bloße Umgang mit einem als menschlich eingestuften Partner ausreicht, um das Belohnungssystem zu aktivieren.

Bei einem rein maschinell gesteuerten Gegenüber blieb diese Belohnungsreaktion dagegen regelmäßig aus. Ein „Like" oder eine Nachricht bei Facebook kann uns daher auch nur kurz erfreuen, aber kein nachhaltiges Glücksgefühl erzeugen wie ein Mensch, der uns gratuliert, in den Arm nimmt oder uns verbal seine Freude mitteilt.

Versuchen Sie mal, an einem schönen Sommertag mit Ihren virtuellen Freunden bei Facebook zu grillen. Den Laptop auf dem Schoß und die Wurst in der Hand. Na, da geht vielleicht die Post ab. Partyalarm!

Motivationsspritze

„Wenn du mal nicht weißt, wie es weitergehen soll, hast du drei Möglichkeiten: aufgeben, nachgeben oder alles geben!“

Die böse Seite der Macht

Angst ist ein wichtiger Bestandteil unseres Lebens. Es gibt keine Menschen, die gar keine Angst haben. Menschen, die weniger furchtlos sind, jedoch schon. Haben Sie sich schon mal mit dem Thema Angst auseinandergesetzt? Oder haben Sie sich ihr bisher gefügt? Angst schützt uns vor Gefahren oder hindert uns daran, Chancen zu erkennen und zu ergreifen.

Was Sie auf jeden Fall niemals tun sollten, ist Ängste zu ignorieren. Gehen Sie offen mit Ihrer Angst um, damit Sie ein positives Ergebnis erzielen können. Somit verhindern Sie, dass negative und blockierende Ängste von Ihnen Besitz nehmen können. So können Sie rechtzeitig professionelle Hilfe in Anspruch nehmen, falls dies notwendig ist.

Es gibt ganze Industrien, die Ängste der Menschen dazu benutzen, ihren eigenen Profit zu steigern. Wenn wir also selbst regelmäßig in Angst leben, dann sind wir ein leichtes Opfer für die angeblich notwendigen Angebote. Angst ist für viele Unternehmen ein hervorragender Verkäufer ihrer Produkte oder Dienstleistungen.

Eine Vielzahl der Ängste, die Menschen negativ beeinflussen, haben wir selbst erschaffen. Es sind die modernen Zivilisationsängste unserer schnelllebigen und vor Überfluss protzenden Welt. Die Schere zwischen Arm und Reich ist ein auf Hochtouren laufender Motor. Besonders erschreckend ist die stetig voranschreitende Altersarmut, von der Menschen betroffen sind, die den Großteil ihres Lebens dazu verwendet haben, den Wohlstand zu erarbeiten, von dem die nachfolgende Generation heute profitiert. Jeder sollte sich die Frage stellen, ob er im Alter von der Gesellschaft vergessen werden möchte.

Angsthasen und tapfere Ritter

Angst ist zunächst einmal eine gesunde, das Leben erhaltende Empfindung. Angst befähigt uns zur Sorge und Sorgfalt, uns selbst und unseren Mitmenschen gegenüber. So wie der Schmerz eine wichtige Alarmfunktion für den Körper besitzt, kommt auch der Angst eine wichtige Bedeutung zu.

Wollten wir uns zum Beispiel ohne Angst und ohne Schmerz einem Feuer nähern, würden wir uns ganz schön die Flossen verbrennen. Oder würden Sie eine vierspurige Straße überqueren, ohne nach links und rechts zu schauen? Es gibt also durchaus gesunde Aspekte der Angst. Man spricht hier von der sogenannten Realangst: Angesichts einer äußeren Gefahr wird der Mensch körperlich, gefühlsmäßig und auf gedanklicher Ebene in einen Alarmzustand versetzt.

Soweit, so gut. Leider ist es so, dass die neuen Zivilisationsängste viele Menschen daran hindern, ihr Leben erfüllt zu leben oder es zu ändern. Was könnte alles passieren, wenn ich dies oder jenes tue. Dann mache ich besser nichts und mir passiert auch nichts. Stimmt das? Nein! In den letzten Jahren haben dies immer mehr Arbeitnehmer zu spüren bekommen. Viele dachten, mir wird nicht gekündigt, mir passiert ja nichts. Und dann, nach über 25 Dienstjahren, war sie plötzlich da, die Kündigung. Und die Betroffenen wurden mit Überschallgeschwindigkeit aus ihrer Komfortzone geschleudert. Wer sich seiner Angst hingibt, begibt sich gleichfalls erst in die Opferrolle und dann in die Bewegungslosigkeit. Wer etwas in seinem Leben ändern will, bewegt sich. Denn Leben bedeutet Bewegung. Die lateinische Übersetzung für Angst lautet: „angustus“ bzw. „angustia“ für „Enge, Beengung, Bedrängnis“. Genau dafür steht die Zivilisationsangst.

Warum gehen manche Menschen scheinbar völlig ohne Angst durchs Leben und andere nicht? Unsere Angst entwickelt sich erst im Laufe der Zeit. Wir kommen weder als „Angsthase“ noch als „tapferer Ritter“ auf die Welt. Die ersten sichtbaren Furchtreaktionen zeigen Säuglinge im vierten bis sechsten Lebensmonat. Eine längere Abwesenheit der Eltern können Kinder erst dann ertragen, wenn sie in der Lage sind, ein inneres Bild der vertrauten Person(en) aufrechtzuerhalten. Auch hier können wir wieder erkennen, dass unser Gehirn in Bildern denkt. Durch eine langanhaltende Stresssituation, privat oder beruflich, reduziert sich unser Selbstvertrauen und somit unser Selbstwertgefühl. Es fällt immer schwerer, Entscheidungen zu treffen, und dann heißt der nächste Bahnhof Angsthausen.

Sie merken, Angst mit nur einem Satz zu definieren, ist sehr schwierig. Es gibt verschiedene wissenschaftliche Definitionen der Angst. Für alle, die nicht wissen, wie sich Angst anfühlt: Vorstellen kann man sich Angst als ein beengendes Gefühl unmittelbarer Bedrohung, das mit dem Willen und der Vernunft nicht kontrollierbar ist. Medizinisch betrachtet ist Angst – fast immer – von vegetativen Symptomen wie Blässe, Schweißausbruch, Zittern, Herzklopfen oder Atemnot begleitet. Als stark übersteigerte Formen gelten die Angsterkrankungen.

Unterm Strich gilt, dass die meisten unserer Ängste erlernt sind. Somit bestehen sehr gute Chancen, sich Ängste auch wieder abzugewöhnen.

Dazu ist ein gesundes Selbstwertgefühl sehr wichtig. Angst ist nicht gleich Angst. In der Medizin fügt man das Wort „Störung“ an und verdeutlicht damit, dass es sich um krankmachende Aspekte der Angst handelt, wie zum Beispiel die Angststörung, Panikstörung oder phobische Störung.

Wovor haben Sie Angst? Ist es eher eine gerichtete oder eine ungerichtete Angst? Bei der gerichteten Angst lässt sich ein sehr genauer Bezug zur angstauslösenden Sache oder Situation erkennen. Dies ist vor allem bei den Phobien der Fall wie der Agoraphobie (Angst vor offenen, weiten Plätzen), der sozialen Phobie (Angst vor dem Umgang mit anderen Menschen) oder der spezifischen Phobie (Höhenangst, Angst vor dem Fliegen, Angst vor Spinnen, Schlangen usw.). Bei der ungerichteten Angst dagegen findet sich oft kein unmittelbarer Bezug, wie z. B. bei der Panikstörung (plötzliche, attackenartige Angst) oder bei der generalisierten Angststörung (dauerhafte Angst).

Bin ich jetzt diesen Ängsten einfach ausgeliefert, oder wie? Nein, die „gesunde“ Angst läuft eh im Unterbewusstsein ab und benötigt von uns keinerlei Aktivität. Die krankhafte Angst jedoch können wir durch die Verbesserung unseres Selbstwertgefühls und somit durch unser Selbstbewusstsein steuern. Also, möchten Sie der Zugschaffner sein, der nur mitfährt oder lieber der Zugführer? Es ist Ihre Entscheidung.

Ich kriege das nicht hin

Was kann ich denn nun tun, um diesen wadenbeißenden Zwerg namens Angst ins Universum zu kicken? Falls es sich bei Ihnen wirklich um eine Angststörung handelt, dann sollten Sie auf jeden Fall einen Mediziner Ihres Vertrauens aufsuchen. Dort wird Ihnen professionell geholfen.

Hier einige goldene Regeln zur Angstminderung, wenn es Zivilisationsängste sind, die Sie daran hindern, richtig durchzustarten. Zivilisationsängste sind die Ängste, für die wir, also die Gesellschaft und wir selbst, verantwortlich sind. Man könnte auch von einer künstlichen Angst sprechen. Leider wird Angst viel zu oft dazu benutzt, Menschen dieselbige zu vermitteln, um sie so zum kontrollieren Handeln zu bewegen.

Wenn alle Tageszeitungen morgen schreiben würden, es gibt nur noch drei Tage lang Lebensmittel zu kaufen, dann wäre aber Holland in Not. Hier werden ganz fiese Knöpfe, in unserem Unterbewusstsein aus der Kindheit, gedrückt, die uns vermitteln: wenn du dies oder jenes nicht tust, dann …

Wir finden diese Botschaften zum Beispiel in der Lebensmittelindustrie: „nur solange der Vorrat reicht" oder „nur für kurze Zeit" kommt bei uns im Gehirn an als: „Wenn du nicht schnell genug bist, kriegste nichts." Das gleiche Angstspiel finden wir in der Pharmaindustrie, bei Versicherungen, Inkassounternehmen und und und. Drohen und Angst verbreiten, um Menschen zum Handeln zu bewegen und teilweise zu zwingen. Dies werden wir nicht ändern, aber wir können lernen, nicht mehr auf diese „Tricks" hereinzufallen.

Reden wir mal Tacheles. Finden Sie zuerst heraus, wovor Sie eigentlich Angst haben. Ein Gespräch mit einer Ihnen nahestehenden Person kann hierbei helfen. Denken Sie immer daran, dass Ihre Angstgefühle und die dabei auftretenden körperlichen Symptome nichts anderes sind als eine Übersteigung der normalen Körperreaktion in einer Stresssituation. Solche Gefühle sind zwar unangenehm, aber weder gefährlich noch in irgendeiner Weise schädlich. Sie hindern uns aber daran, Entscheidungen zu treffen und uns zu bewegen.

Die Natur hat es so eingerichtet, dass wir in einem entspannten Zustand keine negativen, ängstlichen Gedanken und Gefühle haben können. Oder hatten Sie schon mal negative Gedanken, wenn Sie bei einer Massage so richtig entspannt waren? Angst ist immer ein denkbar schlechter Begleiter. Daher ist es wichtig, sich nicht in Angstsituationen hineinzusteigern durch Gedanken wie: „Was wird geschehen?“ und „Wohin kann das führen?“.

Motivationsspritze

Wenn du ein Problem hast, versuche es zu lösen. Kannst du es nicht lösen, dann mache kein Problem daraus.

(Buddha)

Ich weiß, was du tun wirst

Stellen Sie sich vor, ich habe Ihnen in meinem Modegeschäft ein sündhaft teures Kleidungsstück verkauft. Nach der ersten Wäsche sieht das Teil aus wie ein Schluck Wasser in der Kurve. Sie scharren mit den Hufen und galoppieren zu mir ins Geschäft.

Auf dem Weg legen Sie sich alle Beschimpfungen parat, die Sie mir gleich verbal um die Ohren hauen werden. Und da Sie so richtig auf Zinne sind, haben Sie meine Antworten gleich mit eingeplant. Natürlich nur Beschimpfungen und Aussagen wie: „Wenn Sie zu blöd sind, das Teil zu waschen, ist das doch nicht mein Problem."

Sie stürmen also in meinen Laden. Palim Palim. Ich begrüße Sie mit einem Lächeln und sage zu Ihnen: „Schön, dass Sie wieder da sind!" Aus den Tiefen Ihrer Magengegend legen Sie los. Ich schaue Sie verständnisvoll an und lasse Sie erzählen. Und dann passiert etwas, das in Ihrer Planung nicht vorkam. Ich zeige Verständnis und sage zu Ihnen: „Ich kann Ihren Ärger sehr gut verstehen. So ein exklusives Teil darf nach einer Wäsche nicht so aussehen. Was können wir tun, um Ihren Ärger zu mindern?"

Und wir suchen zusammen nach einer Lösung, während Sie wie ein Fisch mit Schnappatmung vor mir stehen und all das, was Sie noch in der Vorratskammer an Beleidigungen und Boshaftigkeiten haben, einfach nicht über Ihre Lippen kommen will.

Ihre Angst vor Zurückweisung hat Sie blind vor Wut werden lassen und Sie konnten sich keinen anderen Ausgang vorstellen.

> „In der Wut verliert der Mensch seine Intelligenz."
> (Dalai Lama)

Ähnlich verhält es sich im Umgang mit Angst oder gar Panik. Ihr angeborener Instinkt wird versuchen, mit aller Kraft gegen Ihre Angst anzukämpfen. Das Ergebnis: Ihre Angst wird noch schneller ansteigen, bis Sie völlig blockiert und „starr vor Angst" sind.

So reagieren Sie richtig! Entspannen Sie sich, indem Sie ruhig, gleichmäßig und tief ein- und ausatmen. Über die Nase ein und durch den

Mund aus. Warten Sie ab und geben Sie der Angst Zeit vorüberzugehen. Bekämpfen Sie Ihre Angst nicht, laufen Sie nicht davon, sondern akzeptieren Sie die Angst.

Sprechen Sie doch mal mit Ihrer Angst und sagen zu ihr: „Hey Angst, ich setze mich jetzt mal hier hin. Mach was du willst, ich wehre mich nicht. Aber mach hinne, wir essen zeitig."

Was wird passieren? Beobachten Sie, wie die Angst von selbst wieder abnimmt, wenn Sie aufhören, sich in Ihre Gedanken weiter hineinzusteigern. Wie ein beleidigtes Kind, das einen Flunsch zieht, weil Sie nicht mit ihm spielen wollen. Danach geht es weiter im Text und Sie werden mit Sicherheit die notwendige Lösung finden. Versprochen! Auf den Punkt gebracht: Kontrollverlust erzeugt Angst – Kontrolle erzeugt Angstverlust

Ich trau mich nicht

Puh, jetzt sind wir schon eine ganze Weile mit dem Jammerlappen Express unterwegs. Ich könnte einen Kaffee vertragen und vielleicht etwas zum Schnabulieren.

Wollen wir zusammen ins Bordbistro gehen? „Ach nee, da ist sowieso nichts frei und dann müssen wir da stehen, und sowieso ist alles blöd, deine Elli." Verurteilen Sie auch öfter eine Möglichkeit, als dass Sie eine Chance nutzen, etwas im Leben zu bekommen? Diese Vorverurteilungen bekomme ich an jeder Ecke mit.

„Schatz, wollen wir morgen mit dem Wagen in die Stadt fahren und mal wieder richtig schön shoppen gehen?"

„Ach nee, da bekommen wir ja eh keinen Parkplatz."

Es ist ja nicht so, dass direkt vor dem gewünschten Geschäft ein Parkplatz frei sein oder werden könnte. Und dann diese Dinger, wo lauter Autos drin stehen. Wie heißen die noch? Parkhäuser! Wer sich nicht bewegen will, Klappe halten und nicht jammern. Diese Menschen lassen sich morgens in einer Endlosschleife mit dem Lied von Jürgen von der Lippe wecken:

> „Guten Morgen, liebe Sorgen, seid ihr auch schon alle da?
> Habt ihr auch so gut geschlafen? Na, dann ist ja alles klar."

Auch eine Art, den Tag zu verbringen. Sich einfach nur Sorgen um das Morgen machen und schon ist der Drops gelutscht. Somit hat man für alles, was man nicht hat, eine hervorragende Ausrede. Sorgen sind nichts anderes als negative Gedanken, die um die Zukunft kreisen. Wir malen uns in den buntesten Farben aus, was alles Schlimmes passieren könnte.

Die Folgen sind Antriebslosigkeit, Orientierungslosigkeit und im schlimmsten Fall Angst. Wer sich übermäßig viele Sorgen macht, tut das nicht, weil es in der menschlichen Natur liegt. Sich Sorgen machen ist eine Angewohnheit, also erlernt. Oder oftmals einfach nur Faulheit. Wenn Sorgen etwas Negatives sind, was können wir dann stattdessen tun? Was halten Sie davon, besorgt zu sein? Es ist natürlich und nützlich, über Dinge besorgt zu sein, die uns eventuell bedrohen. In diesem Fall macht Ihr Bewusstsein Sie auf etwas aufmerksam und veranlasst Sie zum Handeln.

Sie möchten gerne eine Gartenparty mit guten Freunden steigen lassen und mal wieder einen richtig schönen Tag verbringen. Der Wetterbericht sagt, dass es eventuell regnen wird. Nun machen Sie sich Sorgen, dass das ganze Fest buchstäblich ins Wasser fallen könnte. Ihre ganze Vorfreude ist dahin und irgendwie fühlen Sie sich gereizt. Zum Glück gibt es ja den Partner, auf den Sie alles abladen können.

Oder machen Sie es doch einfach so: Verwandeln Sie Ihre Besorgnis in Vorsorge, schwingen Ihren Hintern in den nächsten Baumarkt und kaufen für kleines Geld ein bis zwei Pavillons, die Sie im Garten aufstellen. Im positiven Notfall können Sie die Dinger ganz schnell abbauen und sich die Sonne auf die Birne strahlen lassen. Wie wäre das?

Ein und dieselbe Situation, Sie haben nur anders gedacht. Jetzt sollten Sie mal darüber nachdenken, warum Sie vielleicht öfter solche negativen Gedanken haben, statt sich den Aufgaben des Lebens zu stellen.

Ich persönlich habe gar kein Interesse daran, mir ungesunde Sorgen zu machen und somit meine wertvolle Lebenszeit einfach zu verschwenden. Für einen kleinen Moment mal den Gang rausnehmen, rechts ranfahren und nachdenken. Und schon läuft das Leben wieder.

Wer sich ungesunde Sorgen macht, sorgt dafür, eine Mischung aus Angst und Grübeln dazu zu nutzen, ein Problem nicht als Aufgabe zu sehen, sondern es größer darzustellen, als es tatsächlich ist. Solange Sie sich immer wieder mit Ihren Sorgen befassen, drehen Sie sich im Kreis, ohne eine Lösung zu finden. Hat so ein bisschen was von Masochismus, oder? Also packen wir es an!

Ganz im Ernst, wenn Sie sich Sorgen machen, haben einige Menschen das Gefühl, Kontrolle auszuüben und nicht ganz hilflos zu sein. Aber das sind sie! Denn diese Angewohnheit bricht dann durch, wenn wir uns hilflos und ohnmächtig fühlen und kein Vertrauen in uns und unsere Fähigkeiten haben. Es gibt kein falsch oder richtig, es gibt nur tun oder nicht tun. Wenn Sie sich Sorgen machen, dann stellen Sie sich die Frage:

> „Was ist das Schlimmste, was in dieser Situation passieren kann?"

Sie erhalten eine Antwort und fragen dann „und weiter?“ und dann „und weiter?“, bis Ihr Bewusstsein sich einschaltet und signalisiert „Jepp, das kriegen wir hin.“

Wenn Sie sich permanent Sorgen machen, im Leben ernsthaft zu erkranken, dann werden Sie auch irgendwann ernsthaft krank. Denn das haben Sie ja gewollt. Es gibt Dinge, wie z. B. eine lebensbedrohliche Erkrankung, die können wir nur schwer verhindern. Aber wir können bis dahin das Beste aus unserem Leben machen. Vorsorgeuntersuchungen gehören dazu.

Wenn mir irgendwann mal etwas zustoßen sollte, dann werde ich in den letzten Sekunden sagen: „Danke, dass ich mein Leben gelebt habe.“ Bis dahin genieße ich das Leben in vollen Zügen. Bewusst und neugierig auf all die schönen Aufgaben, die ich noch erleben darf und werde.

Dies wäre doch ein guter Moment, um am nächsten Bahnhof aus dem Jammerlappen Express auszusteigen. Was denken Sie?

Ab sofort verwandeln Sie Sorgen in Vorsorge und Handeln. Schenken Sie nur den Problemen Aufmerksamkeit, gegen die Sie auch etwas unternehmen können. Wenn dies nicht möglich ist, dann akzeptieren Sie sie und machen das Beste daraus. Und plötzlich hängt das Leben nicht voller Geigen, sondern voller Lösungen.

Festplatte im Gehirn formatieren

Es gibt Menschen, die waren immer gute Autofahrer und sind gerne gefahren, bis sie einen Autounfall hatten. Durch den Unfall hat sich eine große Angst tief ins Gedächtnis gegraben und es fällt ihnen schwer, wieder im Straßenverkehr zurechtzukommen. Schon quietschende Reifen rufen bei ihnen starke Angst hervor. Wissenschaftler sprechen dann von einer „Konditionierung" – im Gehirn ist eine Verknüpfung aus Bildern und Geräuschen mit der Erfahrung von Schmerz oder Furcht entstanden. Muss das jetzt ein Leben lang so bleiben? Nein!

Nach und nach lernt man, dass nicht jeder quietschende Reifen Gefahr bedeutet. Die Dauer hängt bei jedem Menschen von der Schwere des Erlebten ab. Aus eigener Erfahrung kann ich sagen, dass sich Ängste meiner Klienten nach einem Zeitraum zwischen drei Monaten und eineinhalb Jahren reduzierten oder spürbar nicht mehr vorhanden waren. Dies ist jedoch ein reiner Erfahrungswert aus meiner Arbeit.

Möchten Sie wissen, wie Sie diese „Angsterfahrungen" in Rente schicken? Ich erkläre es Ihnen mal so: Wenn Sie die Festplatte Ihres Computers löschen möchten, dann genügt es nicht, diese nur zu löschen. Um die Daten endgültig zu eliminieren, überschreiben Profis die zu löschenden Daten mehrfach und formatieren die Festplatte neu, um neue Daten abzuspeichern. So ähnlich funktioniert es auch im Gehirn.

Dieses aktive Überschreiben im Gedächtnis wird als „Extinktion" bezeichnet. Dabei werden die ursprünglichen Gedächtnisinhalte nicht ausradiert, sondern nur durch positive Erfahrungen überlagert. Der Unterschied zu der vollständig gelöschten Festplatte Ihres Computers liegt darin, dass die schon überwunden geglaubte Angst häufig wieder aufflammt, wenn es erneut zu einer gefährlichen Situation kommt.

Die wirkungsvollste Art, sich mit seinen Ängsten auseinanderzusetzen, um diese zu reduzieren, liegt in der Konfrontation. Weglaufen gibt es nicht, die Angst ist eh schneller als Sie. Wer sich einmal die Finger auf der Herdplatte verbrannt hat, der wird künftig in deren Nähe besonders aufmerksam sein, aber keine Angst empfinden, da die Herdplatte gebraucht wird, um etwas Leckeres zu kochen.

Wer Angst hat, in einen Pool zu springen und zu plantschen, weil er als Kind fast ertrunken wäre, der geht schrittweise vor. Zuerst sieht er sich nur Fotos von einem Pool an, dann bleibt er in sicherer Entfernung zum Pool stehen. Als nächstes setzt er sich an den Beckenrand und steckt die Füße ins Wasser. Wenn er dies möglichst häufig gemacht hat und keine Angst mehr vor dem Auslöser empfindet, reduziert sich die Furcht. Dann ist der große Moment da, wo er an einer Stelle, an der er stehen kann, langsam ins Wasser gleitet. Wenn dann die Botschaft im Gehirn ankommt: „Alles paletti, Situation unter Kontrolle, brauchst keine Angst zu haben", dann wird er zum ersten Mal die Nase zuhalten und den Kopf unter Wasser ducken. Nach seiner ganz persönlichen Zeit, die es gedauert hat, hält er dann stolz den Pokal als Wasserbombenmeister des Jahres in der Hand. Dieses Beispiel können Sie auf viele Situationen übertragen, vor denen Sie Angst haben. Wenn Sie es nicht allein schaffen, dann holen Sie sich gerne Hilfe. Es lohnt sich!

Zum Glück gibt es noch einen unsichtbaren Helfer, der Ihnen beim Überschreiben von Angsterfahrungen hilft. Es ist das Hormon Oxytocin. Wie, das kennen Sie nicht? Doch, Sie kennen es! Es sorgt dafür, dass beim Sex so richtig die Post abgeht und man sich ohne Angst auf den anderen voll und ganz einlassen kann.

Da haben sich ein paar Wissenschaftler gedacht, wenn es bei der schönsten Nebensache der Welt funktioniert, dann könnte es doch auch bei festsitzenden Ängsten klappen. Also haben sich kluge Köpfe der Bonner Uniklinik für Psychiatrie und Psychotherapie zusammen mit ihren Kollegen des Deutschen Krebsforschungszentrums Heidelberg und der Universität Chengdu (China) zusammengesetzt und nachgewiesen, dass durch Einfluss dieses Hormons die Erwartung eines erneuten Angstereignisses im Verlauf stärker abnimmt als ohne diesen Botenstoff. Verabreicht haben sie es ganz einfach über ein Nasenspray. Es gibt also genügend Gründe, sich seinen Ängsten zu stellen.

> **Das Leben hat noch viel Schönes mit Ihnen vor.**

Überzeugt sein

Wovon sind Sie aus tiefstem Herzen überzeugt? Haben Sie sich schon mal die Frage gestellt, was eine Überzeugung genau ist und wie sie entsteht? Nein? Dann erhalten Sie im folgenden Kapitel sehr wichtige Erkenntnisse, die Sie für Ihren Persönlichkeitserfolg benötigen.

Wer seiner Überzeugung folgt, entwickelt ungeahnte Kräfte. Denn alles, was wir benötigen, um ein Leben nach unseren eigenen Vorstellungen zu führen, besitzen wir bereits. Auch ein Coaching implementiert Ihnen nichts von außen, sondern macht diese bereits innewohnenden Ressourcen bei Ihnen sichtbar. Eben, das Beste sichtbar machen!

Erfahren Sie, was neuronale Netzwerke in Ihrem Gehirn mit Ihrem Erfolg zu tun haben. Warum manche Menschen nur schwache und andere über sehr starke neuronale Netzwerke verfügen. Diese Menschen leben nach ihren Erfolgsgewohnheiten, und damit leben sie sehr gut.

Nun lassen Sie uns beginnen, sichtbar zu machen, was das Beste in Ihnen ist und daraus eine Überzeugung entwickeln.

Motivationsspritze

„Wie andere dich sehen, ist nicht wichtig … Wie du dich selbst siehst, ist wichtig!“

Der Kick im Leben

Haben Sie schon mal den Satz gehört, dass man die richtigen Überzeugungen braucht, um erfolgreich zu sein? Welche sind das nun? Jeder redet davon, aber was ist überhaupt eine Überzeugung?

Was sind Ihre Überzeugungen?

Schreiben Sie diese ganz spontan auf, ohne zu überlegen, und lesen Sie erst dann weiter.

Fertig?

Was steht da nun auf Ihrem Zettel? So etwas, wie der Glauben an den Weltfrieden, an das Gute oder an ein glückliches Leben? Sicherlich alles richtig. Überzeugungen jedoch sind Ihr Kick fürs Leben und Ihr Startprogramm am Morgen, warum es sich überhaupt lohnt aufzustehen. Was Sie sind und warum es gar nicht anders sein kann, als dass alles, was Sie sich wünschen, in Hülle und Fülle über Ihnen ausgeschüttet wird.

Achten Sie hier besonders darauf, dass Sie Ihre Sätze mit „Ich bin …" beginnen: Ich bin ein wertvoller Mensch. Ich bin ein guter Partner, ein guter Ehemann oder eine gute Ehefrau. Ich bin der beste Vater oder die beste Mutter der Welt für meine Kinder. Ich bin der wichtigste Mensch. Ich bin eine Granate im Bett. Ich bin liebevoll. Ich bin, ich bin, ich bin … einfach die Nummer 1.

Ihnen fällt es schwer, die Nummer 1 zu sein, weil andere Personen in Ihrem Umfeld doch mindestens genauso wichtig sind? Da irren Sie aber gewaltig! Hierzu mehr im nächsten Kapitel.

Nur wenn Sie wirklich verinnerlichen, was für ein großartiger und wertvoller Mensch Sie sind, bildet sich in Ihrem Gehirn das bereits bekannte neuronale Netzwerk. Etwas, was sich viele Menschen nicht einmal trauen, sich vorzustellen. Sagen Sie mal einem guten Freund, was für ein großartiger Mensch vor Ihnen steht und wie dankbar Sie sind, mit ihm befreundet zu sein. Aber Vorsicht – Tränchenalarm!

Sie sind so überzeugt davon, dass alles Negative und besonders die Pessimisten von Ihnen abglitschen, als hätten Sie in Schmierseife gebadet. Gute Freunde werden Ihnen bestätigen, was für ein wundervoller Mensch Sie sind und Ihnen das Gefühl geben, gerade in schwierigen Zeiten nicht allein zu sein. Wer dies nicht tut, zählt eher zu den Bekannten statt zu Ihren Freunden. Differenzieren Sie hier zu Ihrem eigenen Wohle.

Eine Überzeugung ist also nichts anderes als ein neuronales Netzwerk. Genauer, die Verbindung von einzelnen Nervenzellen im Gehirn durch die Dendriten. Sagen wir mal, das sind so Minisaugnäpfe. Bei allen Erfahrungen, der wichtigste Mensch zu sein, werden diese neuronalen Verbindungen erstellt und mit der Zeit verstärkt. So bildet sich Ihre Überzeugung. Und wie geht es dann weiter? Ich bin also jetzt überzeugt von mir. Und nun?

Ganz einfach. Wenn sich neuronale Netzwerke, also Ihre Überzeugungen, mit der Zeit verstärken, bildet sich eine Gewohnheit. Eine Gewohnheit oder besser ein Paradigma, über das Sie genauso wenig nachdenken müssen, wie darüber, dass Sie sich morgens die Schuhe anziehen, bevor Sie das Haus verlassen. Wenn Sie nicht die richtigen Überzeugungen haben, die zu Ihren Visionen passen, werden Sie Ihre Ziele nicht erreichen.

Ich unterstützte Sie gerne, die richtigen und positiven Überzeugungen zu erreichen, ob auf der Bühne, in Ihrem Unternehmen oder ganz persönlich.

Motivationsspritze

„Ich bin der wichtigste Mensch in meinem Leben. Ich bin die Nummer 1."

Und was ist jetzt noch dieses Paradingsda?

Sie meinen ein Paradigma, von dem immer gesprochen wird? Es ist ein Muster, eine andere Bezeichnung für Ihre Gewohnheiten, die unbewusst Ihr Leben steuern. Über die Sie also nicht nachdenken müssen, um ins Handeln zu kommen. Überlegen Sie doch mal, wie viele Paradigmen tagtäglich Ihr Leben steuern.

Solange Ihre Paradigmen positiv sind, ist alles in Ordnung. Wie sieht es aber mit Ihren negativen Paradigmen aus? Auch diese steuern Sie täglich unbewusst, falls sie vorhanden sind. Und das sind sie, glauben Sie mir. Um diese negativen Paradigmen zu erkennen und in positive zu verwandeln, gibt es eine festvorgegebene Reihenfolge. Nur wenn Sie exakt vorgehen, werden Sie eine nachhaltige Verbesserung erleben.

Immer wenn Sie einen positiven Gedanken haben, dann erzeugen Sie positive Gefühle. Ihr Gehirn sendet einen Impuls an Ihren Körper, und dieser setzt sich in Bewegung und führt eine Handlung aus. Das Resultat sind positive Ergebnisse und somit nachhaltiger Erfolg.

Versuchen Sie das mal mit negativen Gedanken. Negative Gedanken erzeugen höchstens Weltuntergangsszenarien mit den entsprechenden Gefühlen. Glauben Sie, dass Sie so ins Handeln kommen, um ein positives Ergebnis zu erzielen? Sicher nicht, das führt eher zu Bewegungslosigkeit und „Kopf in den Sand" stecken. Darum sind positive Gedanken so überaus wichtig. Ich bin mir sicher, dass das Glas ab sofort für Sie immer halbvoll statt halbleer sein wird.

Entscheidungen treffen

Wer überzeugt von sich und seinem Schaffen ist, der beherrscht etwas ganz Wichtiges auf dem Weg zu einem selbstbestimmten Leben: Er trifft Entscheidungen! Wo genau werden Entscheidungen getroffen? Im Hintern bei allen, die nicht in Bewegung kommen? Im Bauch, einfach mal eine Bauchentscheidung treffen? Oder im Gehirn, der Schaltzentrale des Menschen? Eine Bauchentscheidung zu treffen stellt sich oft als richtig heraus. Der Impuls dazu kommt jedoch auch aus dem Gehirn. Und zwar aus der Kontrollinstanz an der Stirnseite des Gehirns – dem präfrontalen Kortex. Kann ich nicht aussprechen, aber hört sich toll an und ist echt der Global Player für Entscheidungen.

Haben Sie schon mal bemerkt, dass es unterschiedliche Arten von Entscheidungen gibt? Auf der einen Seite gibt es Entscheidungen, die Selbstkontrolle erfordern und auf der anderen Seite Entscheidungen, bei denen wir zwischen mehreren Möglichkeiten abwägen. Und alles wird über diesen präfrontalen Kortex gesteuert, wie Wissenschaftler der Universität Zürich durch eine Studie herausfanden. Ähnlich Ihrer SIM Karte im Smartphone, ohne die Sie nicht telefonieren können, wenn Sie ihr diese Entscheidung nicht mitteilen.

Entscheidungen durch Selbstbeherrschung treffen wir zum Beispiel bei einem Stück Schokoladenkuchen, dessen Wert veränderlich ist. Wer gerade auf Diät ist, entscheidet sich eher für das Fruchtdessert und bewertet den kalorienreichen Kuchen als ungesund. Entscheide ich mich zwischen den braunen und den schwarzen Schuhen, dann treffe ich eine Entscheidung zwischen verschiedenen Auswahlmöglichkeiten. Oder ich wäge ab zwischen gegensätzlichen Wünschen, um ein Ziel zu erreichen. Wie zum Beispiel finanzielle Gewinne gegen Fairness-Interessen oder unmittelbare Gewinne gegen langfristige Auszahlungen. Entscheidungen, die Selbstbeherrschung verlangen, sind überaus wichtig, da sie das körperliche, gesellschaftliche und finanzielle Wohlergehen einer Person direkt beeinflussen.

Die Studie zeigte, dass es noch eine weitere Art von Entscheidungen gibt, wenn keine widersprüchlichen Wünsche gegeben sind und keine Selbstkontrolle verlangt wird. Es ist die Entscheidung für Handlungen, damit Sie von der Theorie in die Praxis oder besser ins Handeln kommen. Genau der Punkt, der vielen Menschen unglaublich schwerfällt.

> **Entscheidungen zu treffen ist eine der wichtigsten Eigenschaften erfolgreicher Menschen.**

Wissenschaftler sprechen hier von generellen Entscheidungen. Dank der Bestimmung der Mechanismen im Gehirn dürfen wir gespannt sein, wie wir Entscheidungskompetenzen für schwierige Situationen in Zukunft noch besser fördern können. Trainieren Sie täglich, bewusste Entscheidungen zu treffen, damit Sie spüren, was für eine Einsparung an Lebenszeit Sie dadurch erreichen. Entscheidungen zu treffen ist eine der wichtigsten Eigenschaften erfolgreicher Menschen. Auch wenn einige der Entscheidungen nicht allen gefallen – es geht hier um Ihre persönliche Entscheidung und nicht um eine Entscheidung, um anderen zu gefallen. Denken Sie immer daran auf Ihrem Weg zu sich selbst.

Egoist sein und Teamplayer werden

Ein Egoist ist ein Einzelgänger und ein schlechter Mensch. Denken Sie so, wenn Sie an einen Egoisten denken? Jeder erfolgreiche Mensch, in welchem Bereich auch immer erfolgreich, ist ein Egoist. Sagt Ihnen Ihr Gefühl gerade, deshalb möchte ich nicht erfolgreich werden? Ich möchte lieber beliebt sein und von allen gemocht. Wer sagt, dass Sie dies als Egoist nicht können? Na, steigt gerade Ihr Blutdruck?

Der Egoist, an den Sie mit Ihrem ersten Impuls gedacht haben, ist ein negativer Egoist. Ein von Gier und Macht getriebener Charakter. Und ja, so jemand brauchen wir so wenig wie … Ich rede jedoch vom positiven Egoismus. Die Erkenntnis, dass es notwendig ist, in Ihrem Leben, immer, und ich betone immer, an erster Stelle zu stehen. Sogar vor den eigenen Kindern, vor dem Partner und wer uns sonst so im Leben begleitet. Falsches Heldentum macht Sie immer zum Verlierer.

Was hat die Fliegerei mit Egoismus zu tun? Auf jeden Fall eine ganz wichtige Erfahrung. Warum stehen Selbstwertgefühl und Egoismus ganz eng beieinander? Egoisten sind in der Lage, nein zu sagen und somit ihr Selbstwertgefühl unangreifbar zu machen. Egoisten nutzen den Flow des Lebens, den sie durch den Zugang zu ihren eigenen Gefühlen erreichen. Egoisten sind hervorragende Teamplayer, äußerst beliebt und geschätzt für ihre Geradlinigkeit. Sie meinen das, was sie sagen, und hören das, was andere ihnen erzählen.

Beginnen Sie endlich, Ihre Stärken zu leben, statt Ihre Schwächen weiterhin zu verbessern. Denn das Letztere bringt Sie nicht nach vorn. Nehmen Sie sich für dieses Kapitel bitte etwas Zeit. Am besten, Sie lesen es zweimal, mit einer Pause über Nacht. Lassen Sie die Sätze auf sich wirken. Spüren Sie, ob Ihre Gefühle Sie zu einer Handlung auffordern. Ich versichere Ihnen, von dem Moment an, in dem Sie ein positiver Egoist geworden sind, wird sich Ihr gesamtes Leben verändern. Und zwar positiv!

Safety first

Wie war das noch mit dem Satz „Ich bin wichtiger als meine Liebsten“? Ich bin doch kein Egoist. Na dann wird es aber dringend Zeit, dass Sie einer werden. Und zwar ein natürlicher Egoist.

Stellen Sie sich vor, wir beide laufen durch die Arktis. Sie haben eine wärmende und überlebenswichtige Jacke an und ich nur einen Pullover. Einen Hässlichen dazu, aber das spielt jetzt kein Klavier. Es ist sicherlich nett, wenn Sie mir Ihre Jacke geben, aber leider erfrieren Sie dann und sind tot. Also keine gute Idee. Sie können aber alle 10 Minuten Ihre Jacke öffnen, mich in den Arm nehmen und mich mit Hilfe Ihrer Körperwärme vor dem Erfrieren retten.

Somit gibt es zwei Gewinner und das nur, weil Sie ein natürlicher Egoist waren. Wenn Sie gelegentlich mit dem Flugzeug fliegen, dann bekommen Sie auch hier genau diese Vorgabe. Denken Sie an einen Flugbegleiter (Männer gerne an eine Flugbegleiterin), wie er ihnen die Sicherheitsvorkehrungen erklärt:

„Wenn im unwahrscheinlichen Fall eines Druckverlustes die Sauerstoffmasken aus der Decke fallen, dann ziehen Sie die Maske zuerst zu sich heran und setzen diese auf. Erst dann helfen Sie Ihren Sitznachbarn. Und zwar unabhängig davon, ob dort fremde Personen sitzen oder Ihre eigenen Kinder.“

Ein natürlicher Egoist entscheidet immer zuerst zu seinem Wohle, um dann anderen helfen zu können. Wenn Sie sich für Ihre Kinder aufopfern und schließlich wegen Erschöpfung mehrere Wochen in einem Krankenhaus verbringen müssen, haben Ihre Kinder rein gar nichts von Ihnen. Setzen Sie diese Empfehlung ab sofort um, dann werden Sie Folgendes erfahren:

> „Deine Ehrlichkeit wird Menschen dazu bringen, sich von dir abzuwenden. Das ist in Ordnung, denn die richtigen werden bleiben.“

Sagen Sie nein zu Dingen, die Sie nicht wollen. Sagen Sie nein zu Menschen, die Ihnen nicht guttun. Sagen Sie ja zu sich selbst. Es ist also Ihre Entscheidung, glücklich zu sein oder lieber anderen dabei zuzusehen, wie sie glücklich sind. Bitte wählen Sie jetzt!

So ein Gierlappen

„Endlich jemand, der mich versteht", denken Sie? „Ich bin ein Egoist, und meine Gier wird mich ganz weit nach vorn bringen." Dann sollten Sie den vorherigen Text entweder noch einmal lesen oder hier die Öhrchen spitzen, was Gier aus einem Menschen macht. Auf jeden Fall keinen natürlichen Egoisten, sondern eher einen unausstehlichen und riskanten Zeitgenossen.

Neurowissenschaftler der Universität Würzburg konnten einen Zusammenhang zwischen Gier als Persönlichkeitsmerkmal und riskantem Verhalten herstellen. Hochriskante Spekulationen von Mitarbeitern der Finanzdienstleistungsbranche trugen zu einem Teil der Finanzkrise bei. Ob in Deutschland oder den USA. Die Namen in Deutschland sind uns noch gut in Erinnerung. In Amerika weitete sich im Sommer 2007 die US-amerikanische Immobilienkrise zu einer weltweiten Finanzkrise aus, deren Folgen bis heute den Markt belasten.

Was bedeutet Gier genau? Es ist der Wunsch nach mehr, koste es, was es wolle – einschließlich eines exzessiven Strebens nach materiellen Gütern. Also die Bereitschaft, das eigene Streben mehr auf Kosten von anderen gehen zu lassen. Für mich eine gruselige Vorstellung. Besonders, wenn man sieht, zu was Menschen im Fernsehen alles bereit sind, je größer die Chance auf einen hohen Gewinn ist. Der Geschmack der Peinlichkeit kippt hier leider oft in Traurigkeit und hat nichts mehr mit lustiger Unterhaltung zu tun. Wenn man zwei Personen bittet, je einen Ballon mit dem Ziel aufzublasen, dass der mit dem größeren Ballon eine Million Euro erhält, man jedoch alles verliert, wenn der Ballon platzt, dann kann man Gier live und in Farbe erleben.

Somit kann die Risikoneigung anhand des Persönlichkeitsmerkmals Gier vorhergesagt werden. 1986 hielt der Investor Ivan Boesky eine Rede, deren Auswirkungen heute noch zu spüren sind. Leider keine Rede, die die Welt ein Stück besser machte, sondern eher das Gegenteil. „Gier ist gut", sagte Boesky zu Absolventen der amerikanischen Haas School of Business, „gesund ist sie auch. Ihr könnt gierig sein und euch trotzdem in eurer Haut wohl fühlen."

Was ich wirklich schlimm finde, ist die Erkenntnis der Studie, dass gierige Menschen Schwierigkeiten haben, aus Fehlern zu lernen und ihr Verhalten anzupassen. Somit werden auch nach einem Bankencrash, nach kurzer Erholung, wieder hochspekulative Geschäfte gemacht. Auch bei Managern können hohe Boni, Vergütungen auf finanzielle Erfolge, Gier aktivieren. Auslöser können ebenfalls Aspekte der Unternehmenskultur sein. Glauben Sie mir, wenn Gier wie eine Seifenblase zerplatzt, dann fallen viele tief, denn viel Geld allein macht nicht glücklich. Hut ab vor allen Topmanagern, die sich aus dieser Gierspirale befreit haben und seitdem ein neues und mehr als zufriedenes Leben führen.

Hierzu zählt unter anderem Alexander Hartmann. Der 47-Jährige arbeitete knapp 15 Jahre lang in der Finanzbranche und war auf dem besten Weg, ein Gordon Gekko zu werden, wie ihn Michael Douglas in der Rolle des skrupellosen Finanzhais in dem Film „Wall Street" spielte. Zuletzt war er als Abteilungsleiter verantwortlich für knapp 50 Mitarbeiter in einer international tätigen Schweizer Privatbank. Inzwischen hat Hartmann eine Ausbildung zum Sozialpädagogen in einem Schweizer Waisenhaus gemacht. Trotz seiner Position hatte er weder finanziell bis ans Lebensende ausgesorgt, noch wurde er gefeuert. Größer hätte also der Kontrast kaum sein können, und dies freiwillig. Hartmanns Gewissen wurde so laut, dass er ihm gehorchte und diesen Schritt ging. Ich habe Hochachtung vor solchen Menschen, die eine Handlung eingehen, die ihr gesamtes Leben ändert.

Ein weiteres Beispiel ist der heute 45-jährige Stefan Roggenkamp. Gut zehn Jahre arbeitete er als Investmentbanker in London und konstruierte Finanzderivate für die japanische Investmentbank Mizuho. Als Leiter eines Teams mit 90 Mitarbeitern war sein Leben bestimmt von viel Arbeit, aber auch begleitet von einem enormen Gehalt und hohen Boni sowie einem schnellen Leben mit dicken Autos und vielen Partys. Ausgerechnet die Wirbelstürme Katrina, Wilma und Rita richteten zwischen Ende August und Ende Oktober 2005 nicht nur in der Natur verheerende Schäden an, sondern auch an Roggenkamps Karriere. Über Nacht vernichteten die Stürme ein Gros der Gewinne seines Derivatefonds und auch seinen Job.

Dieses Ereignis ließ ihn zurück auf den Bauernhof seiner Eltern ziehen. Nach einer Auszeit gründete der damals 36-Jährige 2006 sein jetziges Unternehmen – Roggenkamp Organics – als Hersteller von Biolebensmitteln. Diese sind heute neben namhaften Supermärkten auch in Biomarktketten wie Alnatura und Basic erhältlich, aber auch in Feinkostläden wie Käfer˙s in München. Auch Roggenkamp genießt dieses ganz andere Leben mit ganz anderen Werten.

Na hol das Stöckchen

Wer erfolgreich, zufrieden und glücklich durchs Leben gehen will, der braucht ein gesundes Selbstwertgefühl. Lassen Sie uns diesen Begriff einmal auseinandernehmen. Selbst-Wert-Gefühl, also das Gefühl, den Wert unseres Selbst zu erkennen. Das Ergebnis ist ein Selbstbewusstsein, um das Sie viele beneiden werden.

> „Alle sagten: Das geht nicht. Dann kam einer, der wusste das nicht und hat's gemacht."

Was empfinden Sie, wenn Sie morgens vor dem Spiegel stehen? Strecken Sie die Arme aus und sagen: „Guten Morgen Welt, du hast auf mich gewartet. Hier bin ich", oder klingt es eher so: „Was bin ich nur für eine Flachzange, ein Dünnbrettbohrer, ein Schwachstruller, man sollte mich gar nicht beachten, so überflüssig und nutzlos bin ich"?

Die wichtigste Regel zur Überprüfung des eigenen Selbstwertgefühls ist:

> „Entweder bestimme ich die Situation oder die Situation bestimmt mich. Leben oder gelebt werden. Machen oder memmen."

Letzteres bedeutet aufstehen, Rücken gerade machen, Brust raus und den Allerwertesten bewegen. Wenn Sie es nicht alleine schaffen, dann nehmen Sie Hilfe an und zeigen somit wahre Stärke. Es kann ein guter Freund sein, der Ihnen leichte Schläge auf den Hinterkopf gibt, um Ihr Denkvermögen zu erhöhen. Wahlweise auch ein Tritt in den Hintern. Oder Sie suchen sich einen Coach, der Sie ein Stück Ihres Lebens begleitet. Gerne helfe ich Ihnen dabei.

Lassen Sie uns doch mal in die 1. Klasse des Jammerlappen Express gehen. Da sitzen die ganz schwierigen Fälle. Die Automatiktür geht auf und pssst, jetzt ganz leise. Hören Sie auch diese Stimmen? „Du kannst nichts, du taugst nichts, sie wird nie im Leben mit dir ausgehen, du bist ein Versager, andere sind glücklich, andere sind erfolgreich, das schaffst du nie." Brutal! Und diese Stimmen hören Menschen permanent von jemandem, der auf sie einredet. Die Worte sind hart, nörgelnd, verletzend, erniedrigend und kritisch. Und die Kritik klingt äußerst glaubwürdig.

Aber woher kommen diese Stimmen und wer ist denn dieser Jemand? Darf ich vorstellen: Ihr eigener Kritiker, Ihr Unterbewusstsein. Da ist er wieder. „Na so ein Sausack, der nimmt wohl auch jede Party mit, die er kriegen kann", sagen Sie? Genauso ist es! Zumindest die Partys, bei denen es darum geht, dass Sie nicht glücklich und zufrieden werden sollen.

Das Schlimme dabei ist, dass diese Stimmen nicht aus dem Mund anderer Leute kommen. Denn würden andere so was sagen, dann könnten Sie ja einfach die Straßenseite wechseln. Nein, diese Stimmen kommen von Ihnen selbst und Sie können ihnen deshalb auch nicht entkommen. Sie folgen Ihnen auf Schritt und Tritt, und solange Sie nicht schlafen, schlafen diese negativen Stimmen auch nicht. Wie Karies Ihre Zähne zerstört, zerstören diese Stimmen, in schöner Regelmäßigkeit, Ihr Selbstwertgefühl und somit Ihr Selbstvertrauen.

Damit geben Sie sich doch nicht zufrieden, oder? Nix da mit Minderwertigkeitsgefühlen oder Gefühlen der Wertlosigkeit. Wir bauen jetzt ein positives Selbstwertgefühl auf und machen diese kritischen Stimmen mundtot. Sind Sie dabei?

Beginnen Sie damit, eine Woche lang all die Äußerungen Ihres Kritikers zu notieren. Erschrecken Sie nicht, denn es wird Ihnen nicht gelingen, alle zu notieren, so viele sind es. Dann schauen Sie sich diese Kommentare bewusst an, und Sie werden erkennen, dass diese negativen Stimmen nichts als Lügen sind. Stück für Stück ersetzen Sie nun jede Lüge durch eine aufbauende und positive Aussage. Somit stärken Sie Ihr Selbstwertgefühl und das wiederum stärkt Ihr Selbstbewusstsein.

Wichtig ist, nicht nur Worte zu ersetzen. Um die negativen Stimmen dauerhaft durch positive und aufbauende zu ersetzen, reicht es nicht aus, sich das Gegenteil von dem einzureden, was Ihnen die negativen Stimmen suggerieren. Leben Sie diese Änderung und machen Sie daraus eine Erfolgsgewohnheit. Wenn Sie das erfolgreich geschafft haben, dann stellen Sie sich doch mal nackt vor einen großen Spiegel. Zufrieden mit dem, was Sie sehen oder gehen die Stimmen schon wieder los?

Wenn ja, dann dürfen Sie noch etwas weiter üben, bis Sie zu sich selbst sagen: „Hey sexiest man oder woman alive!"

Was für eine tolle Nachricht, oder? Ich meine, dass ein gesundes Selbstvertrauen nicht angeboren, sondern erlernt ist. Wie Angst auch. Somit hat jeder Mensch die Möglichkeit, sein Selbstvertrauen durch Erhöhung des eigenen Selbstwertgefühls zu verbessern. Der erste Schritt dafür liegt in Ihrer Entscheidung für diese Möglichkeit.

Besonders danken möchte ich an dieser Stelle Dr. Doris Wolf und Dr. Rolf Merkle, die es geschafft haben, das Thema Selbstwertgefühl knallhart auf den Punkt zu bringen.

Wenn Sie die folgenden Zeilen lesen, dann denken Sie mal darüber nach, auf welche Menschen in Ihrem näheren Umfeld die Aussagen zutreffen könnten. Sie selbst eingeschlossen!

> Solange du dich bemühst, andere zu beeindrucken, bist du von dir selbst nicht überzeugt.

> Solange du danach strebst, besser als andere zu sein, zweifelst du an deinem eigenen Wert.

> Solange du versuchst, dich größer zu machen, indem du andere klein machst, hegst du Zweifel an deiner Größe.

> Wer in sich ruht, muss niemandem etwas beweisen.

> Wer um seinen Wert weiß, braucht keine Bestätigung.

> Wer seine Größe kennt, lässt den anderen die ihre.

Sollten Sie das Gefühl verspüren, sich intensiver mit Ihren Gefühlen auseinandersetzen zu wollen, dann möchte ich Ihnen wärmstens das

Buch von Dr. Doris Wolf und Dr. Rolf Merkle empfehlen: „Gefühle verstehen – Probleme bewältigen. Eine Gebrauchsanweisung für Gefühle". Näheres dazu erfahren Sie im Literaturverzeichnis am Ende dieses Buches.

Motivationsspritze

„Es gibt Tage, an denen du denkst, dass du untergehst. Wie stark du wirklich bist, merkst du erst, wenn du sie überstanden hast."

Der Flow des Lebens

Wie kann ich den „Flow" des Lebens, also die gleichzeitige Nutzung beider Gehirnhälften, erreichen, um ein Leben nach meinen Wünschen zu führen? Sehen Sie die Welt mal wieder mit Kinderaugen, denn in jedem erwachsenen Menschen lebt auch ein Inneres Kind. Die wenigsten sind sich jedoch dessen bewusst. Das Innere Kind ist dafür verantwortlich, ob wir eher aktiv oder passiv durchs Leben gehen. Ob wir emotionale oder eher karge Menschen sind. Es repräsentiert die lebendige Seite in uns, die aufgrund frühester Prägungen entscheidende Gefühle, Verhaltensmuster und Wertvorstellungen aufgenommen hat. Es ist fast immer die Schlüsselfigur unserer Gefühlswelt, für die meisten ungelösten und unlösbar erscheinenden Lebensprobleme.

Bei sehr kontrollierten Menschen kommt das Innere Kind oft in Verbindung mit Alkohol zum Vorschein. Nun sollen Sie gewiss nicht regelmäßig Alkohol trinken, um mit Ihrem Inneren Kind in Kontakt zu kommen, sondern die Gefühle wahrnehmen, annehmen und in Ihr erwachsenes Leben integrieren. Auch durch den Kontakt zu Kindern, ob nun eigene oder fremde, wird unser Inneres Kind angesprochen und wir erinnern uns an das, was wir als Kind gerne getan haben. Viele Wünsche aus der Kindheit bestehen auch heute noch.

Dieses positive Erleben aus der Kindheit gilt es, ins Bewusstsein zu heben und damit als Ressource nutzbar zu machen. Es wird angenommen, dass sowohl positive wie auch negative frühkindliche Erfahrungen im Gehirn gespeichert sind und unter bestimmten Umständen dem Bewusstsein zugänglich und damit wieder erlebbar werden. Danach können positive Erfahrungen wie kindliche Neugierde, Begeisterungsfähigkeit, Staunen, Lebendigkeit, Spontaneität oder die Fähigkeit, ganz in der Gegenwart zu sein, erlebbar werden, oder auch negative Erfahrungen wie die kindliche Verwundbarkeit und kindliche Ängste vor Verletzungen, Zurückweisung und Verlust sowie das Suchen nach Bestätigung und Anerkennung.

Ein Kind ist in der Lage, mit einer Puppe oder einem Spielzeugauto eine ganze Spielwelt im Kopf entstehen zu lassen, in der es sich zu hundert Prozent im Hier und Jetzt bewegt. Gelingt Ihnen das als Erwachsener auch noch? Wer in der Lage ist, die linke, logisch-rationale und die rechte, emotionale Gehirnhälfte in einem ausgewogenen Verhältnis zu nutzen, empfindet eine Leichtigkeit im Leben, die gerne als „Flow" bezeichnet wird.

Ich höre, was du sagst, und denke, was ich meine

Missverständnisse zwischen Menschen entstehen fast immer in der Kommunikation. Dabei geht es nicht darum, dass Menschen nicht miteinander reden, sondern dass sie aneinander vorbeireden. Der Positive sagt: „Ist das Leben nicht schön?" und der Negative versteht: „Ja, das Leben ist nicht schön." Glücklich zu sein ist eine Wahl, kein Schicksal! Erfolgreiche oder erfolgslose Kommunikation unterscheidet zwischen direkten und indirekten Menschen.

Hier spielt eine falsche Rücksichtnahme eine wichtige Rolle, die oft auf ein vermindertes Selbstvertrauen zurückzuführen ist. Diese Menschen scheuen sich zu sagen und dazu zu stehen, wer sie sind, was sie denken, was sie fühlen und was sie wollen. Sie selbst interpretieren es so, dass es rücksichtsvoll sei, nicht direkt zu sein, aber sie bringen die Wahrheit auf andere Weise zum Ausdruck. Und das trifft oft überraschend und verletzt umso mehr. Dadurch fällt es uns schwer, indirekten Menschen zu vertrauen.

Natürlich gehört immer eine gewisse Diplomatie dazu, um dem anderen nicht wie der Elefant im Porzellanladen die eigene Meinung oder die Wahrheit zwischen die Augen zu feuern. Keine Angst, es ist noch kein Meister vom Himmel gefallen, und je besser es einem selbst geht, desto leichter fällt das nötige Feingefühl. Manchmal ist es besser, seine Klappe zu halten und in sich hineinzuschmunzeln, besonders wenn man etwas ganz genau weiß.

Fehlerhafte oder fehlende Kommunikation ist in jedem Unternehmen, in dem ich als Vortragsredner oder Mentalcoach tätig war, ein Thema gewesen. Aber auch, wenn ich in vollen Hörsälen von Universitäten über Kommunikation spreche, ist es immer mucksmäuschenstill. Wenn ich die Studenten dann bitte, aufzustehen und ihren Freuden ehrlich zu sagen, was sie für sie empfinden, fallen sich viele in die Arme und es fließen auch jede Menge Glückstränchen. Es ist immer ein sehr schöner und emotionaler Moment, wenn Menschen über ihren Schatten springen, menschlich sind und dieses blöde coole Getue mal in die Besenkammer schicken.

Bei direkten Vertretern unserer Zunft sieht es ganz anders aus. Können Sie sich noch daran erinnern, wie Sie nach einem richtig schönen

Abend mit guten Freunden voller Freude und Zufriedenheit nach Hause fuhren? Negative Gedanken wie: „Die zerreißen sich jetzt bestimmt das Maul über mich, wenn ich weg bin", kamen gar nicht erst auf.

Im Kreis von direkten, ehrlichen Menschen fühlen wir uns wohl. Wir müssen nicht raten, was sie wirklich denken oder fühlen, denn sie sagen uns ihre Gedanken und Gefühle ins Gesicht. Wir müssen nicht rätseln, ob wir bei ihnen willkommen oder nur ein austauschbarer Platzhalter sind.

Vielleicht sind Sie auch schon einmal in die Falle getappt, wenn entfernte Bekannte oder Freunde anriefen und fragten, ob Sie ihnen beim Umzug helfen könnten. Und schon ging das Karussell in Ihrem Kopf los. Um sie nicht zu verletzen, sagten Sie schnell: „Gar kein Problem." Als Sie aufgelegt hatten dachten Sie: „Scheiße, auf einen Umzug habe ich gar keine Lust. Ich habe im Moment auch gar nicht die Kraft, schwere Möbel und Kartons zu schleppen." Was für ein blödes Gefühl, oder?

Würden Sie nun wieder zum Hörer greifen und ehrlich sagen: „Tut mir leid, ich bin raus"? Das Ergebnis haben wahrscheinlich die meisten schon erlebt, dass von 15 Helfern gerade mal fünf beim Umzug da waren. Von allen Ferngebliebenen hörten sie in den nächsten Wochen keinen Mucks. Verschenkte Lebenszeit, nur wegen eines schlechten Gewissens, weil man nicht den Arsch in der Hose hatte, „nein" zu sagen. Ganz schön blöd, oder?

Wir brauchen uns bei direkten Menschen also keine Sorgen zu machen, dass sie uns irgendwann vorwerfen, etwas für uns getan zu haben, was sie gar nicht wollten. Denn direkte Menschen können nein sagen und tun im Allgemeinen nur Dinge, die sie auch wirklich wollen. Und wir können uns auf sie verlassen, weil sie vertrauenswürdig sind.

Die allerwichtigste Erkenntnis jedoch ist, dass Direktheit nicht nur Zeit und Energie spart und auch manipulative Tricks überflüssig macht, sondern dazu beiträgt, unsere eigene Stärke anzuerkennen und zu uns selbst zu stehen. Ist das nicht ein schöner Gedanke und als Ziel wert, respektvolle Beziehungen zu führen und unsere kostbare Lebenszeit mit direkten und ehrlichen Menschen zu verbringen?

Stärken leben statt Schwächen zu verbessern

Viel zu viele Menschen sind ihr Leben lang damit beschäftigt, ihre Schwächen zu verbessern, statt ihre Stärken zu leben. Sie haben durch ihre Gewohnheiten einen so begrenzten Horizont, dass sie gar nicht darauf kommen, was ihnen wahre Lebensfreude vermitteln würde. Ein gelernter Buchhalter, der seit 10 Jahren für ein Unternehmen in der Buchhaltung tätig ist, kommt nicht darauf, darüber nachzudenken, ob er vielleicht eher ein begnadeter Vertriebler ist. Obwohl doch so viele Kollegen sagen, dass er immer so gern und viel redet. Das Leben zu ändern und seine Berufung zu seinem Beruf zu machen, scheint unmöglich zu sein. Ist es aber nicht! Sie brauchen nur etwas Mut und den Willen, etwas zu ändern.

> „Wähle einen Beruf, den du liebst, und du brauchst niemals in deinem Leben zu arbeiten." (Konfuzius 551–479 v. Chr.)

Viele Topmanager haben es in den letzten Jahren geschafft, aus ihrer Position auszusteigen und das zu tun, was ihnen ihr Herz sagt. Da haben Vorstände ihre Position verlassen, um vor der Küste Südafrikas auf einem Lazarettschiff zu helfen. Meine Hochachtung vor jedem, der solch einen bewussten Weg geht. Das wohl prominenteste Beispiel, seine Berufung zu seinem Beruf zu machen, ist Dr. med. Eckart von Hirschhausen. Er tauschte das Krankenhaus gegen die Bühne. Denn dort kann er seiner Kreativität freien Lauf lassen und das tun, was er ist, weiß und zu geben hat. Ein genialer Entertainer und Moderator mit fundiertem medizinischen Fachwissen.

Wir haben viel zu viel Angst davor, was die „anderen" von uns denken und über uns sagen. Dazu sage ich Ihnen nur eines:

> „Wirklich erfolgreiche Menschen interessiert es nicht, was andere über sie denken. Es ist ihnen ziemlich egal."

Diese Speichellecker, die uns bei einer solchen Entscheidung verurteilen oder sich über uns lustig machen, stehen als erste vor Ihrer Tür, wenn Sie glücklich und erfolgreich sind. Menschen glauben immer erst an uns für das, was wir getan haben – nicht für das, was wir vorhaben zu tun.

Kein Bock mehr auf Liebe

Das Thema Liebe begleitet unser Leben wie kein anderes. Jeder Mensch sehnt sich nach Liebe, auf die unterschiedlichsten Arten. Wem Liebe von Menschen lange versagt war oder wer sie nicht annehmen konnte, der weicht aus auf Formen der Liebe zu Tieren oder in wenigen Fällen auf Gegenstände. Aber eines vereint diese Menschen doch: der Wunsch nach Aufmerksamkeit und Wertschätzung.

Je vernetzter und schneller unsere Welt wurde, umso mehr ist die reale, menschliche Liebe auf der Strecke geblieben. Die Kompromissbereitschaft, sich wirklich auf einen Menschen einzulassen, ist ins Bodenlose gesunken. Wer nicht so ist, wie ich ihn haben will, wird einfach ausgewechselt. Es stehen ja an jeder Ecke genug rum. Und genau diese so denkenden Kreaturen bekommen dann um die 40 Torschlusspanik, wenn sie erkennen, wohin ihre Oberflächlichkeit sie geführt hat.

Hier hat unsere junge Generation einen gewaltigen Nachholbedarf, denn das Leben besteht nicht wirklich daraus, nichts gelernt zu haben, einen vermögenden, wenn auch älteren Mann zu suchen und zu heiraten, zur Absicherung ein oder mehrere Kinder zu bekommen und sich fortan als Frau dieses Mannes zu geben. Von einer fehlenden Identifikation mit der eigenen Persönlichkeit ganz zu schweigen. Das schwarze Seelenloch kommt so sicher wie das Amen in der Kirche.

Zum Thema Liebe gibt es unendlich viele Ratgeber. Daher habe ich mich entschlossen, dieses Kapitel auf die wichtigsten Impulse zu komprimieren. Und dennoch bin ich mir sicher, dass einige von Ihnen in diesem Kapitel etwas erfahren werden, was Ihnen so noch nicht klar war und Sie verführen wird, nicht nur darüber nachzudenken, sondern auch Ihr bisheriges Verhalten in Sachen Liebe zu ändern.

Wenn Sie von allein nicht auf die Lösung kommen, warum es mit Ihren Beziehungen immer wieder ein Desaster ist, dann haben Sie bereits jetzt erfahren, dass Sie bisher nur die Wirkung beurteilt haben. Die Lösung liegt jedoch in der Ursache und die gilt es zu beleuchten, zu verstehen und zu ändern. Und dann werden Sie den Satz: „Ich bekomme immer den falschen Partner!?“ nie wieder im Leben sagen. Denn Sie bekommen, was Sie sich ausgesucht haben!

Motivationsspritze

„Wir denken selten an das, was wir haben, aber immer an das, was uns fehlt.“ (Arthur Schopenhauer)

Ich bekomme immer den falschen Partner!?

Bekommen Sie doch gar nicht. Sie bekommen das, was Sie angezogen haben. So einfach ist das. Autsch, das tat jetzt weh, wenn man den Spiegel vorgehalten bekommt, oder? Die meisten Menschen sind nicht einmal in der Lage zu benennen, wie denn der „richtige“ Partner auszusehen hat. Hier sind gleichermaßen Männlein wie Weiblein gemeint. Bin ich fixiert auf Äußerlichkeiten, auf Geld und Luxus? Was ist mir wirklich wichtig? Versuche ich vielleicht, den potenziellen Partner bereits in eine Form zu pressen, bevor er mir überhaupt begegnet?

Die Suche nach dem richtigen Partner beginnt bei uns selbst und mit der Frage, ob ich den notwendigen Raum in meinem Leben schaffe, dass sich ein Partner darin wohlfühlen kann. Unsere Beziehung zu einem anderen Menschen ist so gut wie die Beziehung zu uns selbst. Sie werden in einem Partner nie das finden, was Sie bei sich selbst vermissen. Und aus einem Mangel heraus auf Partnersuche zu gehen, ist die denkbar schlechteste Startbasis.

Wie soll er oder sie sein? Respekt- und verständnisvoll, ehrlich, liebevoll, treu, zärtlich, zuverlässig, vermögend? Können Sie dies alles auch von sich selbst sagen? Haben Sie selbst Verständnis für Ihre Fehler und Schwächen und räumen dies auch Ihrem zukünftigen Partner ein? Oder muss er oder sie perfekt sein? Der Prinz oder die Prinzessin auf dem weißen Pferd? Viel Spaß beim Suchen.

Es gibt eine ganze Menge an Möglichkeiten, wie wir auf unsere Partnersuche einwirken können. Seien Sie die Person, die Sie suchen, und Sie finden den richtigen Partner fürs Leben. Oder Sie werden von ihm gefunden.

Es scheint gar paradox, dass wir im Leben immer dann am meisten angeflirtet werden, wenn wir gar nicht auf der Suche, sondern in einer glücklichen Beziehung sind. Es liegt an Ihrer Ausstrahlung, dass Sie passende Gegenstücke anziehen, auch wenn Sie eigentlich gar nicht wollen. Personen fühlen sich von Ihrer Ausgeglichenheit, Ihrer Positivität, Ihrem Selbstvertrauen angezogen. Auch hier gilt das Gesetz der Anziehung. Ob Sie wollen oder nicht.

> „Es ist komisch ... Wir ignorieren die, die uns wollen. Wir wollen die, die uns ignorieren. Lieben die, die uns verletzen und verletzen die, die uns am meisten lieben."

Sie haben jemanden kennengelernt, der auf den ersten Blick ganz gut zu Ihnen passen könnte. Doch statt Glück zu empfinden, starten die meisten Menschen ein Vernichtungsprogramm. Hoffentlich ist er oder sie der oder die Richtige. Hoffentlich bleibt er oder sie bei mir usw. Sie wühlen in Ihren Erinnerungen vergangener Beziehungen, um einen Beweis zu finden, dass es überhaupt nicht sein kann, von jetzt an glücklich in einer Beziehung zu sein. Leider gehen Frauen in dieser Aufgabe voll und ganz auf. Wenn man einer Frau ein Kompliment zu ihrem Aussehen oder der Kleidung macht, kommt selten ein „Vielen Dank". Eher Erklärungsversuche und aktives „sich klein machen" durch Aussagen wie: „Ach, das Teil ist schon uralt" oder „Ich habe es günstig im Secondhandladen bekommen." Liebe Damen, das haben Sie doch gar nicht nötig. Einfach mal annehmen, bedanken und sich wohlfühlen.

Durch welche Fehler sorgen wir immer wieder dafür, dass uns ein potenzieller Partner schneller wieder verlässt, als er gekommen ist? Sie träumen davon, wie es sich mit dem richtigen Partner anfühlen wird. Sie malen sich ganz viele schöne Situationen aus, in denen Sie sich unglaublich glücklich fühlen. Nähe, Zärtlichkeit, Verbundenheit und ein „Wir-Gefühl". Bis hierhin machen Sie alles richtig, denn dadurch ziehen Sie Menschen mit ähnlichen Sehnsüchten in Ihr Leben. Nun taucht ein zu Ihren Gefühlen passender Mensch in Ihrem Leben auf. Sie lernen sich langsam kennen und erfreuen sich an den Gemeinsamkeiten.

Hier noch ein kleiner Tipp: Da alles in unserem Leben unglaublich schnell geworden ist, meinen viele, sie müssten für eine beginnende Beziehung abgehen wie eine Rakete und möglichst schnell miteinander in der Kiste landen. Die Entscheidung trifft jeder selbst, aber spüren Sie doch mal wieder den Zauber der „Five Dates"-Regel. Fünf Treffen mit dem eventuellen Partner, ohne Sex zu haben. Mehr über den anderen erfahren. Zusammen lachen, träumen, fühlen und auch miteinander sprechen. Entweder es kribbelt nach dem fünften Date so sehr, dass es die Nacht Ihres Lebens wird oder der Prinz/die Prinzessin hat sich doch als Frosch erwiesen und Sie sind sich treu geblieben. Probieren Sie es aus, es lohnt sich!

Sie beginnen, sich über die Zukunft mit dieser Person Gedanken zu machen, da nach Ihrem Empfinden doch genügend Gemeinsamkeiten vorhanden sind. Dies vermitteln Ihnen zumindest Ihr Verstand und Ihre Sehnsucht. Ihr Gefühl sagt Ihnen jedoch etwas anderes, dass nicht wirklich alles perfekt passen könnte. Aber diese Ahnung würde ja Ihren Traum angreifen und somit unterdrücken Sie alles, was sich nicht schön anfühlt.

Genau jetzt passiert es. Sie beginnen, sich selbst zu verlieren, während eine intensive Wunschvorstellung über die andere Person einsetzt, die „Projektion" genannt wird. Sie übernehmen die Regie in Ihrem Liebesfilm und projizieren Ihre Regeln und Wünsche auf den anderen Menschen. Schauspieler haben schließlich das zu tun, was der Regisseur ihnen sagt. Natürlich sind es nur „gute" Gedanken und Gefühle, die Sie sich selbst vorstellen, und dennoch geht der Schuss voll nach hinten los.

Sie beginnen, ungefragt über das Leben und die Gefühle des anderen zu verfügen. Dies bleibt nicht ohne Folgen, da Ihr Gegenüber dies intuitiv spürt und als unangenehm wahrnimmt. Hier rühren Sie den Teig für das spätere „ich verstehe nicht warum …" an. Wenden Sie auch hier die Ihnen bereits bekannte Spiegeltechnik an. Stellen Sie sich vor, Sie lernen jemanden kennen, sind sich der Sache aber noch nicht so ganz sicher. Wie würden Sie empfinden, wenn der andere Sie bereits zu einem festen Bestandteil seiner Zukunft macht und Ihnen das auch gerne erzählt, weil er ja so glücklich verliebt in Sie ist?

Ein unerklärlicher Druck würde sich in Ihnen aufbauen, der Ihren Gefühlen keinen oder zu wenig Raum lässt. Vielleicht würden Sie sich sogar eingeengt, erstickt oder in Ihrer Freiheit bedroht fühlen. Wird der Druck zu groß und Ihr Gegenüber lenkt nicht ein, dann war es das. So würden Sie empfinden, also handeln Sie von sich aus anders. Vorsicht vor zu schnellen Liebesbekundungen. Die gewichtigen Worte „Ich liebe dich" sollten nicht verwechselt werden mit „Ich hab dich lieb." Lassen Sie sich in der Liebe Zeit. Alles andere ist eh schon schnell genug.

Um einer neuen Partnerschaft die notwendige Zeit zu geben, achten Sie darauf, sich zu entwickeln: Gefühle brauchen Raum und Zeit. Um diese erblühen zu lassen, tun Sie nichts Bestimmtes, außer Geduld zu haben. Jetzt haben Sie so lange auf den richtigen Partner gewartet, was machen da ein paar Wochen mehr oder weniger schon aus?

Auch Ihr Selbstvertrauen spielt dabei eine wichtige Rolle. Wer aus Angst handelt, den anderen wieder zu verlieren, wird den Wunschpartner unbewusst in die Flucht schlagen. Denken Sie doch mal an eine glückliche Partnerschaft zurück. Wie hat es dort begonnen? War es nicht so, dass es wie von selbst passiert ist? Und wieder erhalten Sie die Bestätigung: „Alles Gute und Richtige im Leben ist leicht." Es gibt aber noch einen anderen Grund, warum wir immer wieder den bekannten „Griff ins Klo" machen. Auch hier liegt es an unseren Erinnerungen, die zur Gewohnheit wurden. Dazu ein kurzes Beispiel aus meiner Zeit als Mentalcoach:

Ich beriet eine Flugbegleiterin, die es komplett von den Schienen gehauen hatte. Angst- und Panikattacken verhinderten, dass sie in ihrem Traumjob arbeiten konnte, deshalb war sie krankgeschrieben. Dies war also die Wirkung, aber was war die Ursache?

Nach und nach lernte ich ihre Familiengeschichte kennen und ihre Beziehungen, die ein reines Desaster waren. Völlig unerklärlich, weil sie mit ihren 31 Jahren und ihrem bildhübschen Aussehen eine wirkliche Traumfrau war. Dennoch geriet sie immer wieder an Typen, die sie belogen und betrogen und ihren Wunsch nach einer glücklichen Beziehung ausnutzten. Die Männer, die gut für sie gewesen wären, sah sie nicht oder waren ihr zu langweilig. Alle Männer sind Schweine, könnte man jetzt voreilig urteilen. Aber Obacht, denn es kam ganz anders.

Ihre Eltern ließen sich scheiden, als sie sechs Jahre alt war. In den Jahren zuvor hatte es immer viel Streit gegeben. Jedes Mal, wenn ein Streit den Zenit überschritten hatte, verließ der Vater die gemeinsame Wohnung. Mal kam er nach wenigen Stunden zurück, mal erst nach einigen Tagen.

Zu dieser Zeit hatte die kindliche Psyche meiner Klientin bereits für sich abgespeichert: „Liebe ist der Moment, wenn Papa wieder nach Hause kommt und alle sich wieder ganz doll lieb haben." Heute als erwachsene und gebildete Frau lebte sie immer noch nach diesem Paradigma der Kindheit. Sie suchte sich also unbewusst Männer aus, die nicht zu ihr passten oder die sie nicht erreichen konnte, um diesen Zustand von Liebe zu erreichen, der in ihrem Unterbewusstsein abgespeichert war. Es war daher notwendig, sich möglichst täglich zu streiten, um die falsch interpretierte Form von Liebe zu empfinden. Es ist leicht nachzuempfinden, dass dabei Streit und Traurigkeit überwogen. Sie war jedoch nicht in der Lage, diese falsche Information und Programmierung aus der Kindheit eigenständig zu erkennen und zu ändern. Erst, als wir diesen „Fehler“ ins Bewusstsein gehoben und im Unterbewusstsein korrigiert hatten, änderten sich nicht nur ihre Sichtweise und ihr Liebesleben, sondern auch ihr Allgemeinzustand verbesserte sich merklich. Schon nach kurzer Zeit konnte sie wieder ihren Traumjob ausüben und fand den Mann, der ihre Wünsche erfüllen konnte und wollte.

Eine glückliche Beziehung zu führen bedeutet immer, dass zwei Menschen – zwei Individuen – sich in einer Partnerschaft nicht verlieren. Wer aus Bequemlichkeit und falscher Rücksichtnahme aufhört, sein eigenes Leben zu leben, bekommt dafür später die Quittung und versteht die Welt nicht mehr. Aber ich habe doch immer alles für meinen Partner getan! Richtig, genau daran hat es gelegen. Wann sind sie das letzte Mal Ihrem Hobby, Ihrem Sport, Ihren Interessen nachgegangen? Wann haben Sie sich das letzte Mal mit ihren Freunden getroffen, oder haben diese schon seit Monaten nichts mehr von ihnen gehört? Wann haben Sie sich das letzte Mal weitergebildet, statt stehenzubleiben? Wann haben Sie sich das letzte Mal Zeit für sich selbst genommen?

Dieses Thema spielte in unzähligen meiner Coachings eine Rolle: Meine Frau oder mein Mann hat mich betrogen. Unangenehme Sache, keine Frage. Aber auch hier gilt es, Ursache und Wirkung zu klären, und das Fremdgehen ist die Wirkung. Was ist die Ursache, die dazu geführt hat? Hat sich der Partner vielleicht aufgegeben? Wurde er immer unaufmerksamer? War er unerträglich nett und wurde dadurch immer unattraktiver für den anderen? Gerade Frauen möchten einen Mann als Partner und kein Männchen. Dazu gehört auch, seine Meinung zu vertreten und seine Partnerin mal in die Schranken zu weisen, statt sie in Blumensträußen zu ersticken.

Wenn jeder seinen Weg geht, dann bekommen wir die Möglichkeit, auf den anderen stolz zu sein, vielleicht zu ihm aufzuschauen. Und dann setzt sie ein, diese magische Anziehungskraft. Auch das eigene Selbstbewusstsein bekommt einen positiven Schub. Schaffen Sie die Basis dafür, den anderen auch mal zu vermissen! So entstehen wirkliche Verbundenheit und ein „Wir-Gefühl“. Viele Frauen berichteten mir, dass sie das Gefühl hätten, ein Kind als Partner zu haben, aber keinen Mann. Dann ist es kein Wunder, dass die sexuelle Anziehung auf der Strecke bleibt. Seien Sie doch mal die Prinzessin auf der Erbse, die nicht so leicht zu erobern ist. Ein Liebesspiel, an dem beide viel Freude haben, und das Ende überlasse ich Ihrer Phantasie. Die haben Sie doch, oder?

Eine hundertprozentige Garantie für Treue des Partners gibt es nicht, aber wir können aktiv auf die Wahrscheinlichkeit Einfluss nehmen, dass der andere sich nicht mehr zu jemandem hingezogen fühlt als zu uns. Diese Menschen suchen meist das, was sie so sehr bei ihrem eigenen Partner vermissen, und in einem schwachen Moment, einem falschen Zeitpunkt und mit der passenden Person passiert es. Es muss nicht das Ende einer Beziehung sein, aber es ist ein Warnsignal, dass jeder an sich arbeiten sollte, um den anderen in seiner ganzen Fülle und Güte wiederzuerkennen und sich selbst klarzuwerden, was man im Leben wirklich möchte.

Nur wer von sich überzeugt ist und ein „gesundes" Selbstvertrauen hat, das Beste zu sein, was ein Partner bekommen kann, der wird in einer solchen Situation des Fremdgehens richtig handeln. Versuchen Sie nie, einen Partner zu halten, wenn dieser sich nicht aus eigenen Stücken zu Ihnen bekennt, an Ihrer Seite sein möchte und dies freiwillig und aus Überzeugung. Dann wird auch ein Brad Pitt eher die Blumen im Garten gießen, als Ihre Partnerin zu verführen.

Ein wirklich schlimmer Zustand besteht, wenn Paare nur noch aus Gewohnheit zusammen sind. Wo ist denn deren Selbstwertgefühl geblieben? Sie essen doch auch keinen abgelaufenen Joghurt, wenn Sie die Möglichkeit haben, einen frischen zu genießen, oder? Ist Ihnen bewusst, dass Sie das Wertvollste verschenken, was Sie haben? Ihre Lebenszeit!

Kennen Sie dieses Bild, wenn Paare im Urlaub stumm an einem Tisch sitzen und sich rein gar nichts zu sagen haben? Sie sind im Urlaub, es gibt wohl kaum eine bessere Umgebung, um über sich selbst und gemeinsame Träume und Ziele zu sprechen. Und wieder wird wertvolle Zeit verschenkt. So mag es verrückt klingen, wenn sich Paare nach einem Coaching trennen und sich im Anschluss bei mir dafür bedanken. Sie hätten von allein nie den notwendigen Mut und Antrieb gehabt, diesen Schritt zu gehen. Nun sind sie frei für neue positive Dinge und für Partner, mit denen das Leben wundervoll ist. Nicht selten sind beide danach ziemlich beste Freunde, weil es für eine Beziehung nicht mehr genug, für eine wirklich tiefe Freundschaft aber mehr als genug war. Liebe und Freude sind zwei Herzenswünsche, nach denen jeder Mensch auf unserer Welt strebt. Seien Sie ein Mensch, der seine Herzenswünsche aktiv lebt.

Unternehmensmythen

Welche wichtige Rolle der Persönlichkeitserfolg von Mitarbeitern spielt, unabhängig ob Führungskraft oder ohne Führungsverantwortung, habe ich in über 15 Jahren in meinen Vorträgen, Seminaren und Mentalcoachings vermittelt. Und ich werde nicht müde, es auch weiterhin zu tun.

Der alte Irrglaube von vor Jahren beginnt sich langsam zu regulieren. Wenngleich teilweise zu langsam für die Ansprüche, die einige Unternehmen an ihre Mitarbeiter stellen. Zu denken, warum soll ich Sand mit an den Strand nehmen. Die Überheblichkeit von Personalverantwortlichen ist doch nur Spiegel der eigenen Schwäche. Die Erkenntnis, dass es viele Führungskräfte, aber wenige Führungspersönlichkeiten gibt. Ja, es war verlorengegangen, das Verständnis, dass Mitarbeiter das wertvollste Gut eines Unternehmens sind und dementsprechend Beachtung finden sollten.

Die Konzentration auf das Hier und Jetzt, statt sich in unendlichen Meetings zu verlieren, die nicht zielführend sind. Die bereits vorhandenen Potentiale in Unternehmen zu erkennen, statt ständig nach noch qualifizierteren Mitarbeitern Ausschau zu halten. Die Kultur der Dankbarkeit wiederzubeleben oder ganz neu zu entdecken. Zu akzeptieren, dass positive zwischenmenschliche Beziehungen immer auf Emotionen und Gefühlen beruhen und zum wirtschaftlichen Erfolg oder Misserfolg führen.

Es ist wichtig, den Unterschied zwischen Wert und Wertigkeit zu verstehen und ihn in der Mitarbeiterführung zu leben. Durch die richtigen Impulse zu motivieren und nicht durch kurzzeitige extrinsische Anreize. Sich auf die Reise zu machen, vom Alltagsgrau zum Himmelblau zu kommen und in seiner Arbeit auf- statt unterzugehen.

Das ist ja un-erhört

Wenn mich Unternehmen als Mentalcoach zur Persönlichkeitsentwicklung buchen, dann gleicht diese Aufgabe oft einem Profiling der Mitarbeiter. Durch mein Vorgespräch weiß ich meistens, welcher Teilnehmer verstärkt anfällig für Erkrankungen ist oder vielleicht schon mit einem Erschöpfungszustand ausgefallen war. Der Verlauf eines solchen Seminars, über circa sechs Stunden, ist immer ähnlich. So auch dieser in einem namhaften Unternehmen für IT-Lösungen in der Informationstechnik mit über 9.000 Mitarbeitern weltweit und ca. 400 hier in Hamburg. Die Teilnehmer waren die Personalchefin und Führungskräfte aus verschiedenen Abteilungen.

Das Seminar begann damit, dass es nicht begann. Denn zum vereinbarten Zeitpunkt waren nur drei der insgesamt zehn Teilnehmer im Meetingraum. Dies sagte bereits viel über die Führungsqualitäten der Teilnehmer aus. Auch der Geschäftsführer kam zu spät. Erst nach und nach trudelten die restlichen Teilnehmer ein, teils mit dem Handy am Ohr. Ich konnte die Anspannung dieser Führungskräfte förmlich spüren. Hätte ich ein Streichholz entzündet, wäre wahrscheinlich die ganze Bude in die Luft geflogen. Physisch waren sie nun alle da, aber geistig noch an ihrem Schreibtisch oder sonstwo.

Mir war klar, dass ich die ungeteilte Aufmerksam brauchte, sonst wäre jede Minute verschenkte Zeit. Für mich und für die Teilnehmer, die in den ersten Minuten immer wieder auf ihre Smartphones sahen. Nach 15 Minuten verließ ich den Raum mit den Worten:

„Ich rufe mal kurz meine Freundin an."

Stille! Nach einer Minute kam ich wieder herein und erklärte, dass man dies die Spiegelmethode nennt, mit der man Bewusstsein schaffen und Menschen zu einer Handlung veranlassen kann. Was die Führungskräfte in der Minute meiner Abwesenheit gedacht haben, überlasse ich jetzt mal Ihrer Phantasie. Fakt ist, dass die Personalchefin sich erhob und zu den Führungskräften sagte: „Sie haben fünf Minuten Zeit, Ihren Assistentinnen mitzuteilen, dass Sie in den nächsten sechs Stunden nicht erreichbar sind. Weiterhin bitte ich Sie, jetzt Ihre Telefone auszuschalten." Offenbar hatte sie sofort verstanden, was ich erreichen wollte, und sie hatte gehandelt. Chapeau!

Danach hatte ich die ungeteilte Aufmerksamkeit aller Anwesenden und das Seminar wurde ein voller Erfolg. Es geht immer um das Hier und Jetzt, um die volle Aufmerksamkeit auf den Moment. Denn das Gehirn verarbeitet nur die Informationen, auf die wir uns konzentrieren. Alles andere wird gelöscht, auch wenn es zur Realität dazugehört. Nach der anfänglichen Profilierung der extrovertierten Teilnehmer wuchsen die Introvertierten über sich hinaus. Es wurden viele Blockaden gelöst, die wie so oft nichts anderes waren als Missverständnisse in der Kommunikation.

In den folgenden 14 Tagen bekam ich von verschiedenen Teilnehmern zum Teil sehr persönliche Emails, wie sehr ich ihnen aus der Seele gesprochen und wie positiv sich das Miteinander verbessert hätte. Es sei das beste Seminar gewesen, das sie je besucht hätten, weil jeder Mitarbeiter nun mehr Eigenverantwortung übernommen hätte. Es ging nicht mehr darum, was die anderen für mich tun können, sondern was ich für andere tun kann. Denn eine erfolgreiche Unternehmensführung wird immer zwischen Menschen und durch Gefühle erzielt. Dies hatten die Teilnehmer verstanden und umgesetzt.

Gemeinsam lässt sich mehr bewirken

Wie bringt man als Einzelner seine Mitmenschen dazu, sich sozial zu verhalten? Vor dieser Aufgabe standen Sie vielleicht schon mal in einem Meeting in Ihrer Firma, bei einer Eigentümerversammlung oder sonstigen Veranstaltung, wo eine größere Gruppe versuchte, eine Einigung herbeizuführen. Hatten Sie auch das Gefühl, dass die Möglichkeiten des Einzelnen in großen Gruppen begrenzt sind? Wissenschaftler vom Max-Planck-Institut für Evolutionsbiologie haben nachgewiesen, dass jeder von uns Einfluss auf das Kooperationsverhalten der anderen nehmen kann. Dafür sollten sich mehrere Gleichgesinnte zusammenschließen mit dem Ergebnis: Gemeinsam lässt sich mehr bewirken. Wie sich die Gleichgesinnten finden, wird über das Gesetz der Anziehung gesteuert, denn Gleiches zieht Gleiches an.

Wie kann ich als Einzelner den Zusammenhalt der Mitarbeiter und Kollegen im Unternehmen fördern? Stellen wir uns jeden Mitarbeiter als Spieler vor. Ein schlechter Spieler macht seinen Erfolg rein von seinen eigenen Handlungen abhängig. Ein guter Spieler weiß um die Möglichkeit, den Zusammenhang zwischen dem eigenen Gewinn und dem des Gegenspielers kontrollieren zu können.

Ein einzelner Spieler kann also auch innerhalb einer Gruppe kontrollieren, wie ihr Gewinn im Vergleich zu den anderen Spielern ausfällt. Spielt die Person fair, das heißt, kooperiert sie, wenn die anderen kooperieren, bestraft jedoch egoistisches Verhalten proportional durch Verweigerung der Kooperation, wird ihr Gewinn dem Mittelwert der anderen entsprechen. Verhält sich ein Spieler großzügig, agiert er also häufiger sozial als seine Mitspieler, kann er dafür sorgen, dass diese Mitspieler besser abschneiden.

Tatsächlich konnten Forscher berechnen, welche Strategien die Kooperation fördern. Danach sollten Einzelspieler grundsätzlich großzügig agieren, um nicht in eine Verweigerungspauschale zu geraten, wenn sich ein anderer – möglicherweise aus einem Missverständnis heraus – einmal egoistisch verhalten hat. Andererseits sollten Einzelspieler auch nicht zu großzügig sein und egoistisches Verhalten konsequent bestrafen. Durch diese Art der Personalführung entsteht eine große Verbundenheit unter den Mitarbeitern. Hier hat die Wissenschaft nachgewiesen, wodurch der Erfolg einer gesunden Unternehmenskultur erzielt werden kann.

Kapitän unseres Gehirns werden

Welche Komplexität unser Gehirn darstellt, haben Sie bereits erfahren. Es ist einzig und allein unsere Entscheidung, ob wir uns von unserem Gehirn unser Leben diktieren lassen oder unser Leben selbst in die Hand nehmen wollen.

In den unterschiedlichen Arealen unseres Gehirns treffen wir Entscheidungen, die gute oder schlechte Gefühle erzeugen und richtige oder falsche Handlungen auslösen. Tagtäglich forschen Wissenschaftler auf der ganzen Welt, um die Geheimnisse des menschlichen Gehirns zu entschlüsseln. Es vergeht kaum ein Tag, an dem uns nicht neugewonnene Erkenntnisse in Staunen versetzen. Und das ist eine riesige Chance, nicht nur ein besserer Mensch zu werden, sondern auch ein selbstbestimmtes Leben zu führen.

Wie beeinflussbar unser Gehirn ist, habe ich bereits mit den kleinen Tests bewiesen. Bei kleineren Aufgaben unseres Lebens ist es nicht so dramatisch, wenn wir so reagieren, wie wir reagieren. Schlimm kann es aber werden, wenn es darum geht, unternehmerische Entscheidungen zu treffen und wir uns ebenfalls nur auf die Dinge konzentrieren, auf die wir uns konzentrieren wollen. Und das, obwohl es vielleicht viele weitere Faktoren gibt, die für unsere Entscheidung wichtig gewesen wären, die wir aber nicht wahrgenommen haben.

Mitarbeiter, also die Menschen im Unternehmen, sind das höchste Gut erfolgreicher Firmen. Das erkennen nach und nach immer mehr Verantwortliche. Ich frage mich, warum das so lange gedauert hat? Man müsste hier nur an den gesunden Menschenverstand appellieren, denn eine positive Unternehmenskultur erhöht zugleich den Unternehmensgewinn. Die Zeiten, in denen man Mitarbeiter durch hohe Gehälter, Firmenwagen oder sonstige Zuwendungen mundtot gemacht hat, sind eindeutig vorbei. Heute geht es um die Attraktivität eines Unternehmens als Arbeitgeber, wenn es Fach- und Führungskräfte für sich zu gewinnen sucht, die dafür sorgen, dass das Unternehmen wettbewerbsfähig bleibt.

Es ist wie ein zweiter Mauerfall in Vorbereitung. Die Unternehmen, die unbeirrt an ihren Strukturen festhalten, weil sie es immer schon so gemacht haben, werden wie die Grenzer die Verlierer sein, wenn sich der Schlagbaum dem Druck der Mehrheit fügt und öffnet.

Immer mehr Menschen, hochqualifizierte Mitarbeiter, erkennen den Grundsatz:

> „Arbeiten, um zu leben und nicht leben, um zu arbeiten."

Die Motivation nach den Prinzipien „Zuckerbrot und Peitsche" oder besser „Friss oder stirb" funktioniert nur noch in Unternehmen, die keine Zukunft haben werden. Immer mehr Arbeitnehmer kämpfen um ihre Rechte für einbesseres Leben, wie die Anzahl der Streiks in den vergangenen Jahren zeigt. Bereits im Mai 2015 fanden mehr Streiks statt als im gesamten Jahr 2014. Tendenz zunehmend. Ob nun ein Kampf, Streik oder Ähnliches der richtige Weg ist, sei dahingestellt. Klar ist: „Druck erzeugt immer Gegendruck." Dabei wird es immer mehr Verlierer statt nur Gewinner geben.

Ein guter Chef sein

Die emotionale Mitarbeiterbindung wird unmittelbar von dem Führungsverhalten des direkten Vorgesetzten beeinflusst. Immer mehr Unternehmen mit einer jungen Führungskultur beweisen dies eindrucksvoll erfolgreich, auch durch entsprechende Unternehmenszahlen als positive Ergebnisse. Wenn ich also als Chef durch meine eigene Positivität auch meine Mitarbeiter positiv stimmen kann, warum machen wir das dann nicht immer so?

So könnte die Frage lauten, bevor das übliche „Ja, aber …"-Gewitter an Argumenten losgeht. „Traue keiner Studie, die du nicht selbst gefälscht hast", sagen Sie? Das mag in Ausnahmefällen ein berechtigtes Argument sein. Ich beziehe mich hier jedoch auf Ergebnisse des Beratungsunternehmens Gallup, das seit 13 Jahren jährlich seinen Engagement Index veröffentlicht. Wie auch bei Ihrer Persönlichkeitsentwicklung zählt hier die Kontinuität für den Erfolg.

Der Jammerlappen Express hat darum so viele Fahrgäste, weil mehr als zwei Drittel der Beschäftigten, rund 70 Prozent, zu den gering gebundenen Mitarbeitern zählen, die Dienst nach Vorschrift machen. 15 Prozent davon haben bereits innerlich gekündigt. Gehören Sie dazu? Dann handeln Sie und setzen Sie sich mit sich selbst auseinander, warum das so ist. Es gibt immer eine Lösung! Die hohe Zahl von „inneren Kündigern" kostet die deutsche Wirtschaft jährlich zwischen 73 und 95 Milliarden Euro. Was könnten Unternehmen alles Gutes mit diesem Geld machen!

Bevor Sie jetzt tief Luft holen, um mir verbal eines an die Ohren zu hauen: Es gehören natürlich immer zwei dazu. Aber ich finde, bei nur 15 Prozent Leistungsträgern im Unternehmen, die zu den emotional hochgebundenen Arbeitnehmern gehören, haben wir doch noch eine Menge Luft nach oben. So sehe ich diese Zahlen positiv und sage: „Packen wir es an."

Aber wie kann ich ein guter Chef sein? Verschiedene Gallup-Studien haben ergeben, dass nur ein geringer Teil der Menschen für eine Führungsposition geeignet ist. Erfahrungen und fachliche Kompetenzen sind zwar von Vorteil für eine Position als Führungskraft, dennoch ersetzen sie nicht die nötige soziale Kompetenz. Denn wir bedienen hier keine Maschinen, sondern arbeiten mit Menschen. Nun gut, Sie verfügen also über Zugänglichkeit, Zuständigkeit und Zielorientierung, aber wie sieht es mit den damit verbundenen Verhaltensweisen aus, die über die zentralen Bedürfnisse am Arbeitsplatz wie konstruktives Feedback, Lob und Anerkennung für gute Arbeit oder die Einbindung von Mitarbeitern in Entscheidungen hinausgehen?

Zugänglichkeit meint, inwieweit der Vorgesetzte für die Mitarbeiter ansprechbar ist, auch bei Themen, die nicht die eigentliche Arbeit betreffen. Sind Sie offen dafür? Wie sieht es mit Ihrer Zuständigkeit aus? Wissen Sie, an welchen Aufgaben und Projekten Ihre Mitarbeiter gerade arbeiten und wissen Sie auch, wie Sie Ihre Mitarbeiter für deren Leistung verantwortlich halten und wie Sie kommunizieren?

Zielorientierung bedeutet nicht, daran zu denken, an welchem Golfturnier Sie erfolgreich teilnehmen werden, sondern wie Sie Ihre Teammitglieder dabei unterstützen können, Prioritäten bei der Arbeit und Leistungsziele festzulegen. Sich auf die Stärken der Mitarbeiter zu konzentrieren, anstatt auf deren Schwächen. Denn es leuchtet ein, dass es nicht zielführend ist, zu viel Energie, Zeit und Geld in die Behebung von Schwächen zu investieren. Stattdessen einfach das Beste aus den Mitarbeitern herausholen – in einer Win-Win-Situation.

„Eine gute Führungskultur hängt nie von der Größe eines Unternehmens ab. Lediglich die Umsetzung unterscheidet sich in der Willenskraft. Das Topmanagement deutscher Unternehmen scheut die Umsetzung guter Personalführung und meidet Maßnahmen zur Entwicklung und Überprüfung eigener Führungskompetenzen."

Dies ist kein schlauer Satz von mir, sondern das Ergebnis einer aktuellen Studie der Hochschule Osnabrück. Bereits in der ersten Erhebung aus dem Jahr 2011 tolerierten die Unternehmen eher eine schlechte Personalführung als schlechte Zahlen. Die Studie aus dem Jahr 2014 ergab, dass eine gute Personalführung gerade in den Führungsetagen nach wie vor nicht den erforderlichen Stellenwert besitzt. Auch wenn große Unternehmen öffentlich bekunden, mehr Wert auf strategische Werteausrichtung und positive Führungskultur zu legen – die Diskrepanz zwischen Anspruch und Wirklichkeit ist immer noch sehr groß. Das liegt in erster Linie daran, dass die Führungswerte nicht konsequent durch die Chefetagen vorgelebt werden, sondern es oft bei Lippenbekenntnissen bleibt. Wir haben in Deutschland viele Führungskräfte, was wir aber brauchen, sind Führungspersönlichkeiten!

Führungspersönlichkeiten nehmen eine Vorbildfunktion ein, die gerade in den letzten Jahren von bekannten Topmanagern mit Füßen getreten wurde, und dies hat starke Auswirkungen auf die Beschäftigten. Überall dort, wo es organisiertes soziales Leben gibt, Menschen, die in der Hierarchie „oben" stehen, werden diese besonders intensiv beobachtet. Was Führende tun oder nicht tun, wird von den Mitarbeitern gesehen, und es wird darüber gesprochen. Falls keine gute Personalführung vorgelebt wird, kann sich eine nachhaltige Führungsidentität, allen zeitgemäßen Führungsinstrumenten zum Trotz, nicht etablieren. Es zählt immer der Mensch hinter einer Position.

Dies vermittle ich in meinen Seminaren seit vielen Jahren und werde dies auch weiterhin tun. Darum vertrauen sich mir Führungskräfte an.

Eine kleine Geschichte zum Nachdenken

Auf einer Veranstaltung der AFNB, der Akademie für neurowissenschaftliches Bildungsmanagement, wurde mir diese kleine Geschichte vorgestellt, die ich Ihnen nicht vorenthalten möchte.

Im Jahre 2020 landen außerirdische Wissenschaftler auf unserer Erde und entdecken eine Bibliothek mit Büchern, wissen aber nicht, um was für Gegenstände es sich bei den Büchern handelt. Auf Basis ihres Wissens, ihrer Erfahrung und ihrer Fähigkeiten untersuchen sowohl außerirdische Chemiker als auch außerirdische Anatomiewissenschaftler die Bücher.

Die Anatomiewissenschaftler kommen zu dem Ergebnis, dass es sich bei den Gegenständen um rechteckige Blöcke aus Fasermaterial handelt. Diese rechteckigen Blöcke sind ventral, also auf der Vorderseite, und dorsal, also auf der Rückseite, mit zwei dicken, verkapselten Platten von etwa 3 mm Stärke bedeckt. Zwischen diesen Platten befinden sich mehrere hundert weiße Lamellen, also dünne Schichten, die alle auf der einen Seite befestigt und auf der anderen Seite frei beweglich sind. Bei näherer Betrachtung stellt man fest, dass die Lamellen eine große Zahl schwarzer Oberflächenmarkierungen enthielten, die linear und in hochkomplexer Weise angeordnet sind.

Die Chemiker hingegen mischten einige Bücher zu einem Homogenat, also zu einem Gemisch, in dem die Partikel auf eine kleine, einheitliche Größe reduziert und gleichmäßig verteilt werden. Danach geben sie das Gemisch in eine Zentrifuge und filtern die schwarzen Verunreinigungen heraus. Als Ergebnis halten sie fest: Es handelt sich um eine Zellulosestruktur mit einer bemerkenswerten Molekularstruktur.

Als sich die Wissenschaftler dann an einen Tisch setzen, um ihre Ergebnisse auszutauschen, kommen sie zu folgendem Schluss: Rechteckige Gegenstände aus Zellulose, deren Lamellen in verkapselten Platten eingebunden und durch eine schwarze, linear aufgetragene Substanz verunreinigt sind, sind völlig wertlos. Sie entscheiden daher, die Gegenstände zu verbrennen.

Wie heißt es so schön in der Werbung: Vielleicht hätten sie jemanden fragen sollen, der sich damit auskennt! Aber kommen wir zurück in die Gegenwart. So lustig die Geschichte mit den Außerirdischen auch ist – genau genommen geht es uns Menschen im Hier und Heute nicht anders.

Auch wir treffen unsere Entscheidungen auf der Basis unseres Wissens, unserer Erfahrungen und unserer Fähigkeiten. Und wenn unser Wissen, unsere Erfahrung oder unsere Fähigkeiten für eine bestimmte Aufgabe nicht ausreichen, treffen auch wir Fehlentscheidungen. Und das gilt für alle Ebenen eines Unternehmens.

Ob Sachbearbeiter, Abteilungsleiter oder Topmanager – an allen Stellen eines Unternehmens sind diese drei Dinge das Wichtigste. Aber: Gleichzeitig ist der Faktor Mensch hierbei die größte Schwachstelle, denn neben Wissen, Erfahrungen und Fähigkeiten spielen bei allem, was wir tun oder entscheiden, Emotionen, Intuitionen und persönliche Konstitution eine sehr wichtige Rolle.

Vom Alltagsgrau zum Himmelsblau

Lassen Sie uns doch mal Ihr Verständnis für Ihr Berufsleben etwas genauer ansehen. Warum arbeiten Sie überhaupt? Was für eine Frage, weil ich Geld verdienen muss. Topantwort – würde der Moderator Werner Schulze Erdel jetzt in seiner Spielshow *Familienduell* sagen. Aber ist sie auch richtig? Arbeiten wir nur, um Geld zu verdienen? Und welchen Wert hat Geld überhaupt?

Nehmen wir mal einen 20-Euro-Schein. Welchen Wert hat dieser Schein für Sie? Keine Angst, ich will Sie nicht veralbern, aber sehr wohl Ihnen etwas verdeutlichen. Also, Ihre Antwort? Na, 20 Euro, steht doch drauf. Falsch! Der Wert dieses Geldscheins liegt vielleicht bei ein paar Cent. Denn er ist nichts anderes als blau eingefärbtes und mit Sicherheitsmerkmalen versehenes Papier.

Was Sie meinen, ist die Wertigkeit des Geldes, und die entsteht immer durch Bilder in unserem Gehirn. Sie zeigen, was wir mit diesem Geld kaufen oder welche unserer Wünsche wir uns dadurch erfüllen können. Stellen Sie sich vor, Sie sind Investmentbroker und transferieren täglich mehrere Millionen, wenn nicht gar Milliarden, virtuell von einem Konto aufs andere. Denken Sie, dass Sie nach Feierabend fühlen können, wie viel Geld Sie heute „in der Hand“ hatten?

Glück und Zufriedenheit können Sie niemals nach dem Wert, sondern immer nur nach seiner Wertigkeit empfinden und beurteilen. Eine repräsentative Studie des US-Karrierenetzwerks CareerBuilder belegt, dass die entscheidende Grenze, um Glück durch Bezahlung zu empfinden, bei umgerechnet 56.000 Euro liegt. Darüber hinaus wird weder das Glücksgefühl größer, noch werden Stress oder Sorgen geringer.

Genau so ein Investmentbroker rief mich an und bat mich um Hilfe mit den Worten:

„Ich halte diesen Druck nicht mehr aus. Ich habe nie Feierabend, weil diese riesigen Zahlen in meinem Kopf einfach nicht schlafen wollen und ich dadurch nicht schlafen kann. Ich hatte schon einen Hörsturz und mein Blutdruck ist so hoch, dass ich ihn bis in den Kopf spüren kann, als würde mir der Schädel explodieren. Ich habe Angst, einen Herzinfarkt zu bekommen und zu sterben.“

Wir vereinbarten für den nächsten Tag einen Termin, obwohl mein Terminkalender eigentlich randvoll war. Aber es gibt Situationen, da gilt es schnell zu handeln, bevor es brenzlig wird. Da saß er nun in meinem Büro. 32 Jahre jung, gepflegt und eigentlich gut aussehend, aber die mangelnde Ernährung hatte bereits ihre Spuren hinterlassen. Dies kaschierten auch der teure Anzug und die Maßschuhe nicht oder der Porscheschlüssel, den er demonstrativ auf den Tisch legte.

Mit zittriger Stimme und zitternden Händen begann er zu erzählen. Von seinen Schlafstörungen und wie sehr es seine Ehe belastete, dass er nur noch wie ein Zombie durch die Gegend laufen würde. Er könne und wolle so nicht mehr weitermachen, auch, weil seine Frau kurz vor der Geburt des ersten gemeinsamen Kindes stand. Eine süße Tochter war unterwegs, nennen wir sie Emilie. Und er war voller Angst, seine Tochter nicht mehr zu erleben, wenn er so weitermachen würde. Mal wieder war Angst der Auslöser zu handeln, also der schlechteste Ausgangspunkt.

Unser Partnerarzt nahm ihn einige Zeit aus der Schusslinie, damit er sich erholen konnte und wir aufarbeiten konnten, was in seinem Leben schiefgelaufen war.

Dann war es soweit, die kleine Emilie wurde geboren. Dieses Glück löste etwas in ihm aus, und plötzlich wurde ihm alles klar, wie er mir berichtete.

Er kehrte nie wieder in sein Unternehmen zurück, sondern eröffnete mit seiner Frau, die Pädagogin war, einen Kindergarten. Obwohl die Häme seiner Kollegen und der „falschen" Freunde unermesslich war, hatte er sein Ziel immer fest vor Augen. Der Porsche wurde gegen einen Familienwagen getauscht, und sein Leben hatte plötzlich Öffnungszeiten. Er hatte die Notbremse gezogen und ein Leben dafür bekommen. Als ich ihn das letzte Mal traf – inzwischen sind sie zu viert – sagte er mir:

„Ich möchte beruflich nie wieder etwas anderes machen, als in Kinderaugen zu sehen. Geld ist wichtig, aber zu viel Geld macht auch nicht glücklich, wenn man sich verliert."

Dem habe ich nichts hinzuzufügen.

In der Arbeit aufgehen statt untergehen

Unermesslicher Reichtum macht uns also auf Dauer nicht glücklich. Aber was ist es dann, was uns antreibt, einen erfüllenden Beruf auszuüben? Auch hier beginnt des Rätsels Lösung bei uns selbst. Selbst wenn ich Ihnen ein Büro mit Designermöbeln und fantastischem Blick auf die Hamburger Binnenalster, dazu ein überdurchschnittliches Gehalt samt Firmenlimousine zur Verfügung stellen würde, wäre dies kein Garant dafür, durch diesen Job beruflich glücklich zu werden, wenn Sie weiterhin negativ denken. Denn dann werden Sie mit Sicherheit gute Gründe finden, um Ihr Glück mit Füßen zu treten. Das ist Jammern auf sehr hohem Niveau, was viel zu viele Menschen in Deutschland tun.

Wenn es also nicht nur die Höhe Ihres Gehalts oder Lohns ist und auch nicht die anderen Zuwendungen, was kann dann dafür verantwortlich sein, uns mit unserem Beruf und unserem Arbeitgeber zu identifizieren? Es ist unsere innere Einstellung. Denken Sie nicht „meine Arbeit ist eine Bringschuld meines Arbeitgebers", sondern übernehmen Sie Verantwortung für Ihre Tätigkeit und sehen Sie es eher als Holschuld.

Ihr Arbeitsplatz oder Bereich ist Ihr Königreich, und Sie sind der König. Ihre Aufgabe ist es, Ihr Königreich gut zu führen und Ihr „Volk", Ihre Kollegen, gut zu behandeln. Warten Sie nicht länger auf eine extrinsische Motivation durch Ihren Arbeitgeber, Ihren Chef, Ihre Kollegen oder sonst wen. Werden Sie aktiv und handeln Sie!

Wie wird intrinsische Motivation bei Mitarbeitern erzielt? In vielen Unternehmen ist dieser Begriff nicht einmal bekannt. Intrinsische Motivation beschreibt die eigene Motivation eines Menschen, aus seiner innersten Überzeugung heraus das Richtige zu tun. Während die üblichen Vergütungsformen größtenteils eine extrinsische Motivation hervorrufen, gilt es hier, den Mitarbeitern auf der emotionalen Ebene zu begegnen.

Wonach sehnen Sie sich ganz persönlich in Ihrem Leben? Anerkennung? Wertschätzung? Lob? Respekt und Achtung? Viele wären schon dankbar, wenn man sie überhaupt im Unternehmen wahrnehmen würde. Genau diese Soft Skills sind es, die aus einer Führungskraft eine Führungspersönlichkeit machen. Leider gibt es in Deutschland viele Führungskräfte, die nur auf einem Gebiet exzellent sind. Nur wer fachlich und sozial kompetent ist, wird ein Team unter sich haben, das bedingungslos hinter ihm steht. Zwangsläufige Mehrarbeit muss nicht großartig diskutiert werden, sondern wird von Mitarbeitern selbst angeboten oder eigenverantwortlich durchgeführt.

Für Unternehmen liegt die wichtigste Erkenntnis darin, dass die Wertschätzung ihrer Mitarbeiter nichts oder nur sehr wenig kostet. Die Arbeitsleistung hat jedoch einen enormen Wert, wenn die Produktivität gesteigert und Fehlzeiten reduziert werden, weil die Mitarbeiter keinen „Dienst nach Vorschrift" mehr machen. Würden Sie nicht auch gerne als „bester Arbeitgeber ever ever ever" bezeichnet werden? Und zwar nicht durch pflichtgemäße Erfüllung eines Fragenkataloges, um einen Preis zu erhalten, sondern weil Ihre Mitarbeiter einfach glücklich sind, gerne bei Ihnen und für Sie arbeiten und dies auch außerhalb des Unternehmens kommunizieren.

Früher gab es Vertrauenspersonen, die zwischenmenschliche Belange im Unternehmen regeln sollten. Heute nennt man sie *Feelgood-Manager*, die nichts mit Hofnarren im Mittelalter zu tun haben, wie Pessimisten sie gerne bezeichnen. Ein *Feelgood-Manager* ist vielmehr ein „Kulturwächter", ein Gestalter und Bewahrer der Unternehmenskultur. Ziel ist es, das Miteinander offener und die Kollegen damit glücklicher und produktiver zu machen. Durch den Aufbau von Strukturen entsteht ein Arbeitsumfeld, in dem sich die Mitarbeiter wohl fühlen mit einem positiven Arbeitsklima, das stressfreies Arbeiten ermöglicht. Die Konzentration auf das „Hier und Jetzt" und der positive Umgang miteinander bewirken den Erfolg: Alleine sind wir stark, zusammen sind wir stärker.

Hierzu ist es notwendig, dass die Unternehmensführung diese Wohlfühlkultur vorlebt. Wer als Unternehmen einen Feelgood-Manager als Aushängeschild und Alibi nutzt, hat den Sinn nicht verstanden. Gerade „junge" Unternehmen haben es verinnerlicht, aus den gewohnten Formen der Unternehmensführung auszubrechen. Geht es den Mitarbeitern gut, geht es dem Unternehmen gut. Egal ob es Freigetränke für die Mitarbeiter gibt oder das gemeinsame Mittagessen als Kommunikationsbasis und Meeting Point für Kollegen und nicht nur als Ritual gelebt wird: Mitarbeitern Mitverantwortung zu geben ist hier das Stichwort. Kollegen sorgen untereinander für sich.

Besonders interessant ist der Schritt „back to the roots" in der Kommunikation: Weg vom anonymen E-Mail-Verkehr und hin zur transparenten Übersicht mittels eines „Kanban Systems", auf dem jeder Job auf einer Karte notiert und diese, für alle sichtbar, an eine Übersichtstafel gehängt wird. So kann jeder sehen, wer gerade eine hohe Arbeitsbelastung hat und kann hier eventuell Hilfestellung leisten. Das „Wir" gewinnt. Das ist ein sinnvoller Schritt in die richtige Richtung.

Motivationsspritze

„Wenn du sprichst, wiederholst du nur, was du eh schon weißt. Wenn du aber zuhörst, kannst du unter Umständen etwas Neues lernen."
(Dalai Lama)

Nicht ohne mein Zeitmanagement

In Unternehmen finden wir alle Varianten von „ich habe gar kein Zeitmanagement“ bis „ich bin bis in die Haarspitzen strukturiert.“ Übereifrige versuchen dabei, den Tag bis zu 100 % zu strukturieren. Beim Blick auf die tägliche To-do-Liste beschleicht sie dann ein Gefühl der Überforderung. Wie sollen sie bloß all die Aufgaben bewältigen! Hier gilt ganz klar, den Tag immer nur zu 60 %, maximal 70 % zu verplanen und einen Puffer für alle Eventualitäten zu lassen, die jeder Tag mit sich bringt.

Vergessen Sie dabei nicht, dass Sie ein Mensch und keine Maschine sind. Leistungsschwankungen gehören zu unserem Leben dazu, besonders wenn Sie eine unruhige Nacht hatten und dem Körper die Regeneration fehlt, die er vielleicht dringend benötigt. Pausen und regelmäßiges Essen werden bei der Planung leider oft völlig übersehen. Man isst, wenn man vor lauter Hunger nicht mehr denken kann oder das Magenknurren so laut wird, dass man glaubt, man säße zu zweit am Schreibtisch.

Wer so seinen Arbeitsalltag plant, ist alles andere als ein Profi. Eher ein Verlierer der Eigenverantwortung. Besonders die Schreibtischtäter haben die Möglichkeit aufzustehen, in die Teeküche oder einen Pausenraum zu gehen. Am besten verlassen Sie in der Pause nicht nur Ihren Arbeitsplatz, sondern auch das Gebäude. Gehen Sie hinaus in die Natur, bewegen Sie sich und tanken frische Luft, damit Ihr Körper mal wieder durchatmen kann. Atmen, was war das noch? Ach ja, Luft bis zum ersten Hemdenknopf ansaugen und irgendwie wieder rauslassen. Sind Sie auch so ein Flachatmer?

Jedes Mal, wenn ein Mensch eine Auszeit sucht und an einem Ort ist, der ihn entspannt, dann tut er was als erstes? Genau, er atmet mal wieder richtig tief ein und aus. Wir kennen auch den Spruch „Erstmal richtig durchatmen.“ Aber bitte nicht zu oft, könnte ja angenehm werden. Wir fahren an die See, um mal wieder frische Seeluft zu schnuppern. Selbst Menschen, die einer Tätigkeit im Freien nachgehen, bewegen sich weg vom Arbeitsplatz, setzen sich in die Sonne und machen eine Pause. Oder haben Sie schon mal einen Bauarbeiter in einem Erdloch stehen sehen, in der Linken einen Kaffee, in der Rechten das Pausenbrot und die Schaufel auf der Nase balancierend?

Ich persönlich halte es bei dem Thema Zeitmanagement eher mit dem „Meine Oma hat gesagt"-Management: *Jung, du siehst müde aus, hast du auch genügend Schlaf bekommen? Jung, hast du heute schon gegessen? Jung, hast du heute schon eine Pause gemacht?* Einfache Erinnerungen, um sich über das Hamsterraddenken hinwegzusetzen und darauf zu achten, auf sich zu achten. Denn Sie sind der wichtigste Mensch, die Nummer 1.

Motivationsspritze

„Der Mensch opfert seine Gesundheit, um Geld zu verdienen. Dann opfert er sein Geld, um seine Gesundheit zurückzubekommen. Er ist so auf die Zukunft fixiert, dass er die Gegenwart nicht genießen kann. Das Ergebnis ist, dass er weder die Zukunft noch die Gegenwart lebt. Er lebt so, als würde er niemals sterben, und er stirbt so, als hätte er niemals gelebt."
(Dalai Lama)

An sich glauben

Der Glaube, völlig unabhängig welcher Religion, gibt den Menschen seit eh und je Kraft. So verhält es sich auch mit dem Glauben an sich selbst. Quasi sein eigener Gott sein. An sich glauben bedeutet, sich nicht länger hinter Ausreden zu verstecken, sondern für jedes Problem eine Lösung zu finden. Auch wenn die Lösung manchmal unbequem ist und uns aus unserer Komfortzone katapultiert.

Es bedeutet auch, sein Gehirn auf die Ziele zu konditionieren, die man sich wirklich wünscht und es nicht durch falsche Bescheidenheit zu verwirren. Innere Stärke zu gewinnen, die man an andere Menschen weitergeben kann, ohne dabei etwas zu verlieren. Kraftvolle Worte zu sprechen, ohne ein Wort zu reden.

Der „Lebe Einfach“-Tag wird Sie zuerst vor eine unlösbar scheinende Aufgabe stellen und dann zu der Erkenntnis führen:

> „Nichts ändert sich, bis man sich selbst ändert, und plötzlich ändert sich alles.“

Sie werden die enorme Kraft des Vergebens erkunden und über sich hinauswachsen, indem Sie den ersten Schritt gehen.

„Ja, aber ...“-Sätze werden Sie in Zukunft kontrollierter einsetzen, wenn nicht vollständig anders formulieren. Wenn Sie einen Traum haben, dann glauben Sie an ihn, glauben Sie an sich, und alle Bemühungen von Außenstehenden oder die Umstände prallen an Ihnen ab, als hätten Sie ein Schutzschild um sich herum aufgebaut.

Gerade so über die Runden kommen

Wer einen Raubbau an seinem eigenen Körper betreibt, tut dies auch an seinem gesamten Leben. Besonders an seiner Seele. Man könnte das eigene Lebensprogramm auch mit „gerade so über die Runden kommen“ beschreiben. Immer gerade nur so viel wie nötig und so wenig wie möglich. Hört sich nach Gehirn in Form eines menschlichen Körpers an.

Wie kann es sein, dass Sie diesem Kontrollzentrum zwischen Ihren Ohren gestatten, Ihnen Ihr Leben zu diktieren? Der große Walt Disney sagte schon:

> „Wenn du davon träumen kannst, dann kannst du es auch erreichen!“

Was er erreicht hat, können Sie auf der ganzen Welt „sehen“. Wovor haben Sie Angst, sich zumindest mal gedanklich mit Ihrem Leben, Ihren Zielen, Ihren Träumen und Wünschen auseinanderzusetzen? Es beißt Sie niemand! Sie werden jedoch erkennen, ob Sie die Kraft haben, diesen Weg der Lebensverbesserung allein zu gehen oder lieber Hilfe in Anspruch nehmen.

Was würden Sie tun, wenn Sie keine Angst hätten? Würden Sie ein Haus bauen? In die USA reisen und einmal im Leben die Route 66 entlangfahren? Das Wasser der Niagarafälle spüren, um zu fühlen, dass Sie am Leben sind? Oder mit dem Caravan durch Kanada fahren, um am Morgen Pancakes mit Ahornsirup mit einem Grizzlybären zu teilen. Was würden Sie tun? Ihre ganz persönlichen Lebenswünsche können nicht groß genug sein.

Es spielt überhaupt keine Rolle, ob Sie sich im Hamsterrad des Lebens befinden und „eigentlich“ so vor sich hin leben, oder ob Sie derzeit Arbeit suchen und sich zur täglichen Erinnerung ein großes HARTZ IV an die Wand gesprüht haben. Wer jammert, dessen Willen zum Leben wurde gebrochen oder besser unterbrochen. Was würden Sie tun, wenn Sie nicht in diesem Paradies Deutschland leben dürften, wo Sie in einem Sozialstaat aufgefangen werden, auch wenn Sie nichts tun? Sie würden handeln, denn wenn die Botschaft „Hunger“ in Ihrem Gehirn ankommt, werden Sie die ganze Zeit von diesem Hungergefühl begleitet, bis tatsächlich Hunger Sie schwächt. Ob Sie dann wohl sagen würden: „Ich bekomme keinen Job, und deswegen sitze ich hier den ganzen Tag vor dem Fernseher und schaue nicht gerade förderliche Sendungen. Mir geht es ja so schlecht!"

NEIN, Sie würden losgehen und jeden Job annehmen, der Ihnen Geld bringt, damit Sie Ihren Hunger stillen können. Also besteht auch hier eine sehr große Komfortzone, die Sie verlassen können und sollten. Und wie immer, gilt auch hier: Fangen Sie mit Ihrer Einstellung an und hören Sie auf zu jammern. Auch wenn Sie bisher eine Jammerlappen Express Card 100 hatten.

Sich glücklich zu fühlen, hat nicht nur etwas mit Geld zu tun. Wenn wir uns die Fernsehsendung *Secret Millionaire* ansehen, in der finanziell unabhängige Menschen eine Woche Luxusleben gegen eine Woche Hartz-IV-Leben tauschen, dann bekommen wir zwischen den Zeilen eine Botschaft: Sie sitzen nicht in ihrer kleinen Wohnung und bejammern ihren Zustand, sondern sie werden aktiv. Wie kann ich helfen, auch wenn ich selbst nur wenig habe? Leben bedeutet:

> **„Alles, was du gibst, erhältst du doppelt zurück."**

Es ist immer die Menschlichkeit, die die Probanden berührt, wenn sie unerkannt in gemeinnützige Einrichtungen reinschnuppern. Etwas, was sie in ihrem täglichen Trieb, erfolgreich zu sein, nicht mehr gesehen haben. Und jeder von uns kann diese Wunder vollbringen. Sie haben das, was viele immer meinen, nicht zu haben: Zeit! Nutzen Sie diese, und tun Sie vielleicht ehrenamtlich etwas Gutes.

Machen Sie es zur höchsten Priorität Ihres Lebens, das Kind immer beim Namen zu nennen. Denken Sie das, was Sie wirklich haben wollen. Wenn Sie sagen „Ich bin bescheiden. Mir reichen 1.200 Euro im Monat zum Leben", Sie sich aber in Wirklichkeit wünschen, 2.500 Euro im Monat zu verdienen, damit Sie mehr reisen können, dann werden Sie dieses Ziel nicht erreichen. Sie werden nie mehr als 1.200 Euro im Monat verdienen, denn darauf haben Sie Ihr Unterbewusstsein programmiert. Selbst wenn sich die Chance ergibt, mehr zu verdienen, werden Sie diese nicht sehen, bemerken oder nutzen. Denn Sie wollen ja gerade über die Runden kommen.

Was berührt die Zuschauer der Fernsehsendung *Boss Undercover* wirklich? Nicht, wie Geschäftsführer oder Vorstände von Unternehmen, als kleiner Mann getarnt, den Mitarbeitern zuhören und mitarbeiten, sondern der Moment, wenn die Mitarbeiter am Ende des Experiments in die Firmenzentrale bestellt werden. Wenn sie dort Dank, Anerkennung und Wertschätzung erfahren für ihre Arbeit, aber vor allem dafür, was für ein großartiger Mensch sie sind und wie sehr sich das Unternehmen glücklich schätzen kann, ihn oder sie als Mitarbeiter zu haben. Die Erfüllung eines Herzenswunsches treibt nicht nur dem Beschenkten die Glückstränen in die Augen, sondern auch dem Zuschauer. Egal, ob Mann oder Frau. Als Spiegel, wie es mit seinen eigenen Wünschen aussieht.

Wie kann ich unbürokratisch helfen und dabei wahre Freude und Glück empfinden? Es sind immer die kleinen Dinge im Leben, die uns glücklich machen. Statt aggressiv wie ein Panzer durch den Straßenverkehr zu rasen, einfach mal jemanden in die Schlange reinlassen. Einem Bus die Vorfahrt gewähren und mit einem Lächeln und einer Handbewegung den Fußgängern am Überweg signalisieren: „Bitte, ich warte." Nicht immer auf sein Recht pochen, sondern vorausschauend fahren für den Fall, dass mal jemand anderes einen Fehler macht. Den Fuß vom Gas nehmen und nicht mit 240 Sachen über die Autobahn rasen, wenn ich wesentlich entspannter und ohne viel Zeitverlust mit 140 km/h auch ans Ziel komme.

Schauen Sie doch mal, ob bei Ihnen im Haus ältere Nachbarn wohnen oder jemand, der gerade durch eine Verletzung gehandicapt ist. Klingeln Sie und sagen: „Ich gehe zum Supermarkt, darf ich Ihnen etwas mitbringen?" Ein unbezahlbarer Moment, wenn die Herzlichkeit durch Ihren Körper fließt und dieses Lächeln der Dankbarkeit Sie den ganzen Tag lang wohlwollend begleitet.

Ich bin dann mal still

„Ich muss noch …“ ist wohl der meistverwendete Satzanfang in unserem Leben. Ich muss dies, ich muss jenes, aber nie ein „ich kann“ oder besser „ich will“. Wir meinen, um vorwärts zu kommen, bedarf es der Geschwindigkeit in dieser Welt. Aber geht es nicht vielen so wie im Lied *Lass uns Gehen* der Musikgruppe Revolverheld: „… bin immer erreichbar und erreiche doch gar nichts …“? Bei einem Pferd würde man die Zügel anziehen, um es zum Anhalten zu bewegen. So, dann ziehe ich mal an Ihren Zügeln.

Sie müssen es ja nicht gleich wie der Benediktinermönch Pater Anselm Grün machen, der jeden Morgen um 6 Uhr aufsteht und die ersten drei Stunden des Tages mit Innehalten und absoluter Stille verbringt. „Was ist das denn für ein Spinner“, denken Sie? Dann fragen Sie mal die Führungselite der Wirtschaft unseres Landes und die Zuhörer seiner etwa 200 Vorträge pro Jahr im In- und Ausland.

Er hat nicht nur bis 2013 die finanziellen Geschicke seiner Abtei geführt, sondern ist einer der meistgelesenen deutschen Autoren der Gegenwart. Seine Bücher wurden in mindestens dreißig Sprachen übersetzt, darunter sind viele Bestseller. Topmanager belegen Managementkurse bei ihm.

Sie haben vielleicht jetzt gerade kein Kloster zur Hand (warum eigentlich nicht?). Das ist aber auch nicht notwendig für das, was jetzt kommt. Ich möchte Ihnen gerne zeigen, was mit Ihnen passiert, wenn Sie innehalten. Dazu brauchen Sie ein Gummibärchen, ein Bonbon, eine Rosine oder irgendetwas Kleines, das Sie essen können. Nun stellen Sie den Timer in Ihrem Telefon auf vier Minuten ein. Lächerliche vier Minuten Ihres Lebens, die sich gleich wie eine Ewigkeit anfühlen werden. Alles bereit?

Trommelwirbel. Wenn ich es Ihnen sage, dann starten Sie Ihren Timer und konzentrieren sich vier Minuten lang zu 100 % auf den Gegenstand in Ihrer Hand. Sie dürfen daran riechen, lecken, hören, ansehen und fühlen – aber nicht essen. Verstanden? Dann bitte.

Und, was haben Sie gefühlt? Ist Ihnen die Zeit ewig vorgekommen und haben Sie öfter gedacht, nu is aber auch gut? Gar nicht so leicht innezuhalten, gell? Wer es jedoch beherrscht, der kann sich auch in einem vollen Café auf sein Getränk konzentrieren und alles andere um sich herum ausblenden. Was stopfen wir täglich alles in uns hinein, ohne es wirklich zu schmecken und uns die Zeit zu nehmen, mal wieder zu genießen. Essen und trinken Sie bewusst, nicht nur am Wochenende, sondern jeden Tag. Schaffen Sie sich eine Oase im größten Trubel, egal, wo Sie sind. Im Einkaufszentrum, am Flughafen, auf dem Bahnhof oder im Zug. Eine Insel der Ruhe. Mein kleiner gelber Smiley Softball eignet sich dafür hervorragend. In beide Hände nehmen und vier Minuten darauf fokussieren. Probieren Sie es aus!

Der „Lebe einfach"-Tag

Haben Sie Lust, mit mir einen Berg zu besteigen? So einen Dreitausender schaffen wir doch locker flockig an einem Tag hin und zurück. Wie bitte, das ist Ihnen zu viel? Aber auf dem Gipfel stehen und dieses einzigartige Panorama genießen, das würden Sie schon gerne, oder?

Genauso ist es im Leben auch. Bevor wir den Berg besteigen, werden wir die Route planen, die Ausrüstung checken und die Tagesziele festlegen, um das ganz große Ziel, den Gipfel, zu erreichen. Versuchen Sie daher gar nicht erst, die Tipps und Hinweise in diesem Buch alle auf einmal umzusetzen. Bei der ersten Gelegenheit würden Sie einknicken und in die nächste Gletscherspalte fallen. Wenn Sie Ihr Leben ändern möchten, dann richten Sie sich für den Anfang einen „Lebe einfach"-Tag pro Woche ein. Ich empfehle Ihnen, zu Beginn einen Tag am Wochenende zu nehmen und das für einige Wochen.

An diesem Tag berücksichtigen Sie alles, was Sie als wichtig erachten, um sich glücklich zu fühlen. Genügend Schlaf, ein ausgewogenes Frühstück, bewusstes Mittag- und Abendessen, 30 Minuten Bewegung durch Spazierengehen, eine Stunde für Sie zum Genießen oder Nachdenken und was Ihnen der Tag sonst noch Positives bietet. Dieser Tag beginnt schon am Abend vorher mit der Zielsetzung, was Sie alles erreichen werden. Denken Sie dabei auch an einen Zeitkorridor, in dem Sie sich einfach treiben lassen können.

Sobald Sie sich in dieser neuen Lebensform wohl und sicher fühlen, verlegen Sie den „Lebe einfach"-Tag auf einen Tag in der Woche mit dem zusätzlichen Anspruch des Alltags. Ich empfehle Ihnen, den Mittwoch oder Freitag auszuprobieren. Erst wenn Sie dieses neue Lebensgefühl verinnerlicht haben, dann nehmen Sie noch einen zweiten „Lebe einfach"-Tag in Ihr Wochenprogramm auf. Dann eine dritten, vierten, bis Sie Ihr Leben so leben, wie es Ihren Vorstellungen entspricht.

Nehmen Sie sich Zeit und rechnen Sie damit, dass Sie am Ende eines Jahres mit mir zusammen diesen unvergesslichen Sonnenuntergang auf dem Berggipfel genießen werden. Es wird zwischendurch Rückschläge geben, aber vergessen Sie nie:

> „Die schwierigsten Zeiten sind die beste Gelegenheit, innere Stärke zu entwickeln." (Dalai Lama)

Man gibt nicht auf, nur weil es schwierig ist. Denn nichts ändert sich, bis man sich selbst ändert und plötzlich ändert sich alles. Ich wünsche Ihnen viel Erfolg! Wenn Sie mögen, schreiben Sie mir Ihre Erfolge des „Lebe einfach"-Tages oder besuchen Sie mein „Lebe einfach"-Seminar.

> Man gibt nicht auf, nur weil es schwierig ist.

Vergeben und vergessen

„Als Kind hast du meinen Sandkuchen im Sandkasten kaputtgemacht. Das habe ich dir nie vergessen." Na dann, gute Nacht! Jeder von uns kennt Menschen, die uns in der Vergangenheit verletzt haben oder die wir verletzt haben. Sei es körperlich, seelisch, emotional, finanziell oder auf eine andere Art und Weise. Sie merken, wie Ihnen die Galle hochkommt, wenn Sie nur daran denken. Dann frage ich Sie: „Wann war das noch mal und worum ging es da genau?"

Ehemals beste Freunde haben nach einem Streit über 25 Jahre kein Wort mehr miteinander gesprochen. Als sie sich begegnen, werden noch mal kurz die Krallen ausgefahren, bis einer von ihnen sagt: „Ich will nicht mehr böse auf dich sein. Ich bin müde davon. Ich will meinen besten Freund zurück. Ich weiß nicht mal mehr, worum es in diesem blöden Streit damals ging." Dem anderen geht es genauso. 25 Jahre verschenkte Lebenszeit, in der ein für sie wichtiger Mensch nicht teilgenommen hat. Dabei wäre nach ein paar Monaten, vielleicht auch einem Jahr, der größte Groll bereits verflogen gewesen, wenn da nicht dieser verdammte Stolz gewesen wäre, den ersten Schritt zu machen.

Vergeben ist etwas, was den meisten Menschen sehr schwerfällt und doch so wichtig ist für unser eigenes Glück. Es befreit und löst einen inneren Druck in uns. Denn so lange ich nicht vergeben kann, räume ich dem anderen Platz in meiner Seele ein.

Ich sorge dafür, dass der andere über mich verfügt, obwohl er real gar nicht da ist. Ich sorge dafür, mich schlecht zu fühlen, obwohl der andere vielleicht gerade glücklich durchs Leben geht. Ich sorge dafür, Chancen nicht zu erkennen und zu ergreifen, obwohl der andere seinen Weg unbeirrt geht. Es gibt Dinge und Situationen, die wir glauben, nicht vergeben zu können und doch verletzen wir uns damit nur selbst.

Nehmen Sie sich einen Moment Zeit und überlegen Sie, ob es so einen Menschen in Ihrem Leben gibt. Egal, wie lange es her ist. Vielleicht der Partner, der Sie verlassen und dadurch verletzt hat. Ein Mensch, der Sie betrogen hat. Eine Familie, die durch Erbstreitigkeiten auseinandergebrochen ist. Wir alle kennen dieses Phänomen: Wenn solch ein Mensch plötzlich vor uns steht und sagt: „Ich habe nur noch kurze Zeit zu leben", können wir über unseren Schatten springen. Sicherlich mit den

Gedanken: „Er oder sie ist ein Arsch, aber den Tod hat er oder sie nicht verdient." Das ist völlig okay.

Es geht um das Gefühl der Befreiung in uns selbst und darum, was es bewirkt. Unsere Kreativität zu fördern und wieder positiv in die Zukunft zu blicken. Zeigen Sie, dass Sie Verantwortung für Ihr Leben übernehmen, und gehen Sie den ersten Schritt!

Motivationsspritze

„Wenn der Tag nicht dein Freund war, so war er dein Lehrer."

Ja, aber …

Ist Ihnen bewusst, wie oft Sie Ihre Sätze so beginnen? Ich kann es nicht mehr hören. Wenn Sie als Leistungssportler bei den Olympischen Spielen antreten, werden Sie auch nicht sagen: „Ja, aber die anderen sind alle so viel besser, schneller, erfolgreicher als ich." Sondern Sie sehen sich bereits auf dem Treppchen bei der Siegerehrung. Und zwar in der Mitte, ganz oben auf Platz 1. Sie rennen doch auch nicht mit voller Wucht gegen einen Bus, bevor Sie einsteigen. Warum vergewaltigen Sie dann immer wieder Ihr Selbstbewusstsein?

Immer wenn Sie einen Satz mit „Ja, aber …" beginnen, machen Sie die Büchse der Negativität auf. Stellen Sie sich vor, Sie sitzen in einem Meeting, um über Innovationen Ihres Unternehmens zu sprechen. Ihr Kollege stellt eine solche Innovation vor. Sie hören zu und beginnen dann Ihren Satz mit „Ja, aber …" Was löst das bei Ihrem Kollegen und den anderen Teilnehmern aus? „Oh Mann, der Meier wieder. Der kann wirklich immer nur gegen alles sein. So kommen wir nie voran." Beginnen Sie doch Ihren Satz mit: „Eine gute Idee! Und wenn wir dies oder jenes noch machen, dann ist es perfekt." Gleicher Inhalt, aber ganz andere Wirkung. Positiv und produktiv. Denn der Ton macht immer die Musik.

Wenn Sie ein Ziel haben, ein großes Ziel, dann schauen Sie sich die Menschen ganz genau an, die Sie auf Ihrem Weg begleiten. Sind es auch überwiegend „Ja, aber …"-Menschen? Dann distanzieren Sie sich von diesen Menschen oder reduzieren Sie den Kontakt auf das Nötigste, bis Sie Ihr Ziel erreicht haben. Denn der Horizont dieser Menschen ist viel zu gering, als dass sie verstehen könnten, was Sie fühlen, denken und erreichen werden. Viele Menschen leben in einer sehr „kleinen" Welt. Darin fühlen sie sich wohl und sicher.

Mehr aus ihrem Leben zu machen, kommt ihnen nicht in den Sinn. Diese Menschen sind deswegen nicht schlecht, aber sie behindern Sie in Ihrem Denken und Handeln. Umgeben Sie sich mit Menschen, deren Augen funkeln, wenn Sie von Ihrer Idee sprechen, und zwar, weil Sie sie durch Ihr Funkeln in den Augen angesteckt haben. Dieses positive Gefühl ist das, wonach sich so unendlich viele sehnen.

> „Menschen kennen und respektieren dich für das, was du getan hast – nicht für das, was du vorhast zu tun."

Vielen Dank, lieber Kollege Steffen Kirchner, für diese Punktlandung.

Als ich die Entscheidung getroffen habe, nach über 15 Jahren des Individualcoachings meine Zukunft als Vortragsredner und Keynotespeaker auf der Bühne zu leben, habe ich genau das Gleiche erlebt. Vielen war gar nicht bewusst, wie anmaßend ihre Kommentare im Vorwege klangen:

„Ich glaube nicht, dass du das kannst."

„Ich weiß nicht, ob du wirklich Menschen auf der Bühne begeistern kannst."

„Du willst ein Buch schreiben? Wer soll denn das lesen? Es gibt doch schon so viele Bücher auf dem Markt."

„Bist du dir sicher?"

Was sie wirklich gedacht haben, wer weiß es. Eine leider ganz natürliche Reaktion der Menschen, weil sie dieses Ziel nicht vor Augen haben. Sie haben nicht täglich recherchiert, konzeptioniert, geschrieben und positive Gefühle des Gelingens erzeugt. Sehr wahrscheinlich überstieg es einfach auch ihre Vorstellungskraft, weil sie bis dahin nur den Menschen kannten, wie sie ihn kannten. Und wenig bereit waren, sich intensiv mit meinem Wunsch auseinanderzusetzen. Jeder ist mit sich selbst so sehr beschäftigt, da fallen andere, auch wenn es Freunde sind, schon mal hintenüber.

Also hatte ich die Wahl, mir mein Ziel von ihnen kaputtmachen zu lassen oder mich bis zum Erreichen des Ziels voll und ganz auf mich selbst zu konzentrieren. Spätestens, wenn ich stolz wie Oskar mein erstes Buch in der Hand halten würde, würden sie mir eh auf die Schulter klopfen und sagen: „Ich wusste, dass du das schaffen wirst. Glückwunsch!" Verrückt, aber so ist das Leben.

Beginnen Sie nun aber bitte nicht, andere Menschen in Ihrer Umgebung permanent auf deren „Ja, aber ..." aufmerksam zu machen. Fangen Sie bei sich selbst an, denn es geht um Sie und nicht darum, andere Menschen zu ändern. Die Welt können Sie nicht verändern, sehr wohl aber Ihr unmittelbares Umfeld.

Und wenn das ganz viele Menschen tun, dann ändert sich auch unsere Welt.

Sehen Sie es wie ein Spiel, auf das Sie sich jeden Tag freuen. Es wird Ihnen gefallen, viel Freude erzeugen und aus Ihnen einen anderen, positiven Menschen machen. Definitiv!

Motivationsspritze

„Es sind immer die Leute ohne Ahnung …, die die lauteste Meinung haben!"

Motivationsspritze

„LERNE aus der Vergangenheit, TRÄUME von der Zukunft, aber LEBE in der Gegenwart!"

Gefühle und Emotionen

Jeder Mensch wird täglich von seinen Emotionen und Gefühlen geleitet. Dabei bestimmen wir selbst, ob hoffnungsvoll oder hoffnungslos. Wer über ein schwaches Selbstwertgefühl und dementsprechend wenig Selbstbewusstsein verfügt, bei dem genügt schon ein Blick aus dem Fenster und ein grauer Tag ohne Sonnenlicht, dafür mit Wind und Regen, trübt die Stimmung und das eigene Gefühl. Der Verlauf des Tages scheint vorprogrammiert.

Viel zu viele Menschen haben den Kontakt zu ihren eigenen Gefühlen verloren. Sei es durch negative Erlebnisse aus der Vergangenheit oder weil sie es einfach nie gelernt haben, Gefühle zuzulassen. Das Positive ist, wer den Zugang gefunden hat, wird ab dann nicht mehr darauf verzichten wollen. So viel Kraft geben uns gelebte Emotionen und die daraus entstehenden Gefühle. Es lohnt sich also, sich mit seinen eigenen Gefühlen auseinanderzusetzen. So wichtig sind sie für die Entwicklung unseres Persönlichkeitserfolges.

Gefühle zeigen uns den richtigen Weg und bringen einander näher. Die Sehnsucht nach Erfolg steckt in jedem von uns. Doch was nützt uns Erfolg, egal in welcher Art und Weise, wenn wir kein Glücksgefühl empfinden können? Schnell stellt sich das negative Gefühl ein, nur zu funktionieren und gelebt zu werden, statt zu leben.

Raum und Zeit vermitteln uns Gefühle unterschiedlicher Art. Es ist unsere Eigenverantwortung, wie wir mit diesen Informationen umgehen. Seien Sie bereit, von anderen zu lernen, die dort schon sind, wo Sie gerne hinmöchten. Aber auch die Kleinsten unter uns können uns etwas lehren. Etwas, von dem wir geglaubt haben, es nicht mehr zu besitzen und somit nicht mehr zu fühlen.

Was fühlen Sie, nachdem Sie dieses Buch gelesen haben? Schreiben Sie es mir oder besser, schreiben Sie eine Rezension zu diesem Buch bei meinem Verlag, bei Amazon oder auf einem anderen Kanal. Sollten Sie erkannt haben, dass Sie tatsächlich eine Blockade zu Ihren eigenen Gefühlen verspüren, dann handeln Sie! Bilden Sie sich weiter, besuchen Sie meine Seminare oder buchen Sie ein exklusives Mentalcoaching mit mir.

Motivationsspritze

„Es sind nicht unsere Füße, die uns bewegen, es ist unser Denken."
(Chinesisches Sprichwort)

Sklaven der eigenen Gefühle

„Herr Doktor, ich habe ein Problem. Immer wenn ich lache, fühle ich mich wohl. Das darf doch nicht sein. Ich bin bestimmt krank."

Der Zugang zur eigenen Emotionalität ist oft viel schwerer, als wir denken – durch den Druck der Gesellschaft oder unsere Erfahrungen aus der Kindheit und der familiären Erziehung.

Besonders ist dies zu beobachten bei jungen Menschen, die in ihrer eigenen Meinung noch nicht gefestigt sind und lieber tun, was alle tun. Man will ja cool sein und dazugehören. Da wird gezwitschert wie Amsel, Fink und Star, dass der Rapper „Haste-nicht-gesehen" ja so geil ist und seine Musik erst. Bei Helene Fischer, Revolverheld, Unheilig, Tim Bendzko, Andreas Bourani, Herbert Grönemeyer, Ina Müller oder Johannes Oerding fühlen sie wirklich etwas. Aber das darf natürlich niemand wissen. So verschwenden sie ihre wahre Begabung und ihre Gefühle, weil sie nicht das tun, was sie wirklich tun möchten. Wir können nicht früh genug beginnen, die jungen Menschen zu ermutigen und zu unterstützen, das Beste aus ihrem Leben zu machen. Daher Applaus und Kniefall für meine Kollegen Frank Wilde, Christian Bischoff, Matthias Herzog und weitere, die sich dieser Aufgabe bereits annehmen.

Karneval ist nur einmal im Jahr, die Maskerade unseres Lebens dagegen das ganze Jahr über, ohne dass wir es merken. Es gilt, sich darzustellen als jemand anderes, als wir wirklich sind. So oft konnte ich das erleben, wenn ich meinen Klienten im Vorgespräch aufmerksam zugehört habe. Wenn sie mit ihrer gelernten Selbstdarstellung fertig waren, habe ich sie gefragt: „Und, was wollen sie mir wirklich erzählen?" Dann war Polen offen, und die Tränen der Erleichterung flossen zahlreich. Bei Männern und Frauen gleichermaßen. Ihre Lebensmanipulation hatte nicht gegriffen, und sie fingen an zu erzählen, was sie wirklich bedrückte. Oft dachte ich darüber nach, wie lebensmüde und traurig die Menschen sind und wie schade das doch ist. Dies löste in mir ein starkes Verlangen aus, noch viel mehr Menschen wundervolle und positive Impulse zu geben. Und wo geht das besser als auf einer Bühne vor einem großen Publikum?

Wir gehen immer davon aus, dass Menschen die beruflich „ganz oben" sind, also Vorstand, Geschäftsführer, CEO oder welchen Titel sie auch tragen, auch uneingeschränkt glücklich sind. Immerhin verdienen sie doch richtig Kohle, haben viele Kontakte und ein Luxusleben. Vielleicht sogar einen Privatjet. Die wenigsten können sich vorstellen, dass die Luft immer dünner wird, je höher die berufliche Position ist. Fehlentscheidungen ausgeschlossen, Emotionen verboten und Schwäche zeigen? Oh Gott, oh Gott! Das Leben wird bestimmt durch „Gleichgesinnte", das Handicap beim Golf, die messbaren Erfolge, die privaten und geschäftlichen Statussymbole bis hin zur eigenen Ehefrau oder nicht sichtbaren Geliebten. Ein Vorstand sagte einmal zu mir:

„Ich habe sofort bemerkt, dass Sie mir gegenüber nicht den Bückling machen wie alle anderen um mich herum. Ich bin zwar der Chef von dem Ganzen, aber manchmal möchte ich kein Chef sein, sondern einfach nur ein normaler und verletzlicher Mensch. Genau das darf ich bei Ihnen, vielen Dank dafür."

Ich persönlich sehe nie den Status eines Menschen oder was er darzustellen versucht, sondern den Menschen dahinter. Den Menschen mit all seinen Gefühlen, Ängsten und Wünschen. Was ich dafür zurückbekomme ist das, was die Liebe zu meinem Beruf ausmacht. Eine Vielzahl meiner Klienten auf der ganzen Welt wurden zu Freunden und bereichern mein Leben dadurch, dass es sie gibt.

Ein Schauspieler, Musiker oder Fernsehmoderator ist in erster Linie ein Mensch mit einer verletzlichen Seele wie du und ich. Deshalb vertrauen sie mir, weil sie so sein können, wie sie sind. Was sie vor der Kamera oder in der Öffentlichkeit machen, ist ihre Professionalität als Person des öffentlichen Lebens. Auch ich bin mittlerweile eine Person des öffentlichen Lebens, und wenn ich Menschen mit meinen Seminaren und Bühnenshows berühre, dann zeigen sie Gefühle, die auch mich immer sehr berühren.

Es sind nicht nur meine Worte, die sie in Erinnerung behalten, sondern vor allem das, was sie gefühlt haben. Ob sie lachten, weinten oder verständnisvoll mit dem Kopf nickten. Ich bekomme zahlreiche Nachrichten, auf allen Wegen der sozialen Netzwerke und persönlich. Sie sind der wahre „Lohn" für meine „Arbeit" als Keynote Speaker. Denn für mich ist es niemals Arbeit, sondern immer reinste Freude, meine Gedanken mit meinem Publikum zu teilen. Dafür danke ich jeden Tag.

> **Gefühle sind das Gold unseres Lebens.**

Wer dies verstanden hat und lebt, den haut so schnell nichts um. Wie sieht es mit Ihrer Emotionalität, also dem Zugang zu Ihren Gefühlen aus? Ausgetrocknet wie ein See in der Wüste? Dann denken Sie mal drüber nach. Denn auch in Ihnen steckt ein wundervoller Mensch mit einem riesengroßen Herzen.

Trauen Sie sich, es lohnt sich!

Motivationsspritze

„Wenn du Zeit hast, zu jammern und dich zu beklagen, dann hast du auch Zeit, etwas dagegen zu tun."

Sehnsucht nach Erfolg

Ich möchte Ihnen hier keine medizinische Definition von Glück geben. Dies kann mein Autorenkollege Eckart von Hirschhausen mit seinem Buch *Glück kommt selten allein …* viel präziser. Aber Erfolg und Glück hängen ganz eng zusammen. Erfolg ist das, was wir aus unserem eigenen Leben machen, um glücklich zu sein.

Was kommt Ihnen als erstes in den Sinn, wenn Sie sich die Frage stellen: „Was ist Erfolg?" Geld? Reichtum? Luxus? Gesundheit? Freude? Oder sind es eher die kleinen Dinge im Leben, die für Sie Erfolg darstellen? Erfolg stellt für jeden Menschen etwas anderes dar. Daher ist es umso wichtiger, ganz genau zu definieren, was für Sie in Ihrem Leben Erfolg bedeutet. Und zwar immer schriftlich. Es gibt in der Tat Menschen, die sich dem Konsumzwang unserer Gesellschaft widersetzen und auf „Werde doch endlich mal erfolgreich!" antworten: „Nee, war ich schon … war doof!"

Sie sind Erfolg! Indem Sie dieses Buch lesen und somit zeigen, dass Sie Ihr Leben in die eigenen Hände nehmen. Erfolg hängt von unserem Willen ab, erfolgreich zu sein. Alles, worum es in unserem Leben wirklich geht, ist Liebe, Wertschätzung, Anerkennung, Gesundheit und Freude. Wenn Sie ab sofort nicht weiter den Gesellschaftslügen unterliegen, dann ist das Erfolg. Auch zu sagen: „Das macht man nicht? Ich schon!" Nicht das Leben anderer zu imitieren. Nicht das Leben anderer zu kommentieren, die Sie gar nicht persönlich kennen. Erfolg ist Geben ohne Erwartungen. Werden Sie Hauptdarsteller in Ihrem eigenen Kinofilm *Mein erfolgreiches Leben.*

Finden Sie Antworten auf die Frage: „Was würde ich tun, wenn ich keine Angst hätte?" Und am allerwichtigsten: Treffen Sie mehr bewusste Entscheidungen im Leben und stärken Sie somit jedes Mal Ihr Selbstwertgefühl und damit Ihr Selbstbewusstsein.

Quietscheentchen, du bist mein …

… gehörst mir ganz allein. Quietscheentchen, ich hab dich so furchtbar lieb …

Es gibt etwas, dass auf uns Menschen eine Faszination ausübt wie nichts anderes – Wasser! Wenn ich an einem schönen Sommertag mit meinen Freunden im Café „Alsterperle" an der Hamburger Außenalster sitze und die Blicke über das Wasser gleiten, wo sich die Sonne spiegelt, sich die Schwäne präsentieren und die Segel- und Tretboote kreuzen, dann wird es schon mal still in der Gruppe und der eine oder andere tiefe Seufzer geht den Worten voran: „Ist das schön hier!" Selbst den Menschen, die es eher in die Berge zieht, geht es so. Sobald sie an einen tiefblauen Bergsee kommen, bleiben sie stehen und kehren für einen Moment in sich, um diesen Blick zu genießen.

Wasser hilft uns, uns wohlzufühlen. Unser Gewicht nicht zu spüren und uns leicht zu fühlen. Es verbreitet Spaß bei Kindern, wenn sie in den Wellen spielen und fasziniert große Kinder, wenn sie beim Surfen, Kiten oder Wellenreiten vor Glück und Zufriedenheit heller strahlen als die Sonne. Deutlich kann man die Begeisterung fürs Wasser auch an dem nicht aufhören wollenden Boom der Kreuzfahrtbranche erkennen. Umgeben von Wasser, gelöst vom Stress mit einem Cocktail im Whirlpool sitzen. Wasser ist nicht nur Lebenselixier, sondern auch der Stoff, aus dem wir Menschen sind und den wir für ein gesundes Leben benötigen. Nicht nur eine Ressource unserer Welt, sondern tief verwurzelt im Glauben der verschiedensten Religionen.

Wasser ist Leben und es tut einfach gut!

Wasser hilft uns, auf unterschiedliche Weise zu entspannen. Ob wir nun für den Organismus jeden Morgen ein Glas lauwarmes Wasser zum Tagesbeginn trinken oder Wasser für die äußerliche Anwendung nutzen. Nicht nur zur Körperpflege, die uns ein gutes und sauberes Gefühl vermittelt, sondern auch beim Zusammenspiel von warmem Wasser und unserer Haut. Eine heiße Dusche am Morgen oder ein entspannendes Bad am Abend. Wasser löst nicht nur Verkrampfungen der Muskulatur, es löst auch Blockaden in unserem Gehirn. Das Wechselspiel von Fühlen und Denken findet auch hier seine Anwendung.

Ich wünsche Ihnen stets eine Handbreit Wasser unterm Körper!

Kinder sind die wahren Helden dieser Zeit

Herbert Grönemeyer singt:

Kinder an die Macht. Die Welt gehört in Kinderhände ... Es gibt kein Gut, es gibt kein Böse, es gibt kein Schwarz, es gibt kein Weiß ... Sie berechnen nicht, was sie tun ... noch ungebeugte Kraft, massenhaft, ungestümer Stolz ...

Kinder sind unsere Zukunft. Eine ganz neue Generation, die unvoreingenommen ihre Welt entdecken soll. Sie rauben uns den letzten Nerv und sind zugleich süße Milchbartmonster.

Was wir selbst nicht haben erfahren dürfen, aus welchen Gründen auch immer, können wir ihnen zuteilwerden lassen. Geben Sie Ihren Kindern, gerade in den ersten sechs Jahren, so viel Aufmerksamkeit, Güte, Wertschätzung und Liebe wie möglich.

Wie stressig Ihr Tag auch war, ein Blick in Kinderaugen, und alles ist wie weggeblasen. Diesem Lächeln kann sich niemand widersetzen. Wir können so vieles von Kindern lernen, was wir denken, verloren zu haben. Lassen Sie es zu, dass ein Kind Sie aus dem Alltagsstress herausreißt. Erfreuen Sie sich, wie Kinder sich an ganz einfachen Dingen erfreuen können. Nehmen Sie das Tempo aus Ihrem Leben, wenn der süße Fratz zum zehnten Mal die Rutsche rutschen will. Zerfließen Sie, wenn so ein kleiner Mensch Sie ganz fest drückt, um Ihnen zu zeigen: Ich hab dich lieb.

Wenn Sie das nächste Mal Ihr Kind ansehen, dann sagen Sie sich ganz still und leise: „Vielen Dank, mein kleiner Engel, dass es dich gibt."

Und vergessen Sie bitte nie, wir waren alle mal Kinder.

Motivationsspritze

„Wenn Kinder sehen, dass Seifenblasen kaputtgehen, beschweren sie sich nicht, sondern machen neue."

Vertrag mit mir selbst

Sie brauchen etwas Führung bei der Änderung Ihres Lebens und einen kleinen Kick? Da gibt es zwei Möglichkeiten. Sie können Ihnen nahestehenden Personen erzählen, was Sie vorhaben und sie bitten, von Zeit zu Zeit nachzufragen, ob Sie das Ziel auch verfolgen: ob das Abnehmen vorangeht, ob das Joggen Spaß macht, ob Sie jede Woche mindestens eine Stunde dazu nutzen, sich weiterzubilden und so weiter.

Oder Sie schließen einen Vertrag mit sich selbst. Damit können Sie prüfen, wie ehrlich Sie zu sich selbst sind und ob Sie wirklich dahinter stehen, was Sie erreichen wollen. Er könnte so aussehen:

Ich, Hans im Glück, schließe hiermit mit der wichtigsten Person in meinem Leben, mit mir selbst, den folgenden Vertrag:

Ich verpflichte mich dazu, …

Schreiben Sie alles auf, worauf Sie in Zukunft achten werden. Das könnte sein:

Offen und klar zu dem zu stehen, was ich wirklich will. Mir täglich genug Zeit für mich zu nehmen. Meine Ziele alle 24 Stunden zu bestärken oder mich immer innerhalb von 72 Stunden zu bewegen, wenn ich etwas Neues plane.

Den Vertrag gestalten Sie ganz persönlich nach Ihren Wünschen und Vorstellungen.

Damit Sie etwas Pfeffer in die Sache bekommen, legen Sie fest, was Sie tun werden, wenn Sie gegen den Vertrag verstoßen. Es sollte etwas sein, was Ihnen schon weh tut. Als kleines Schokomonster vielleicht einen Monat auf Schokolade verzichten. Oder als passionierter Autofahrer einen Monat lang an einem Tag mit den öffentlichen Verkehrsmitteln zur Arbeit fahren. Einen Monat lang bei Wind und Wetter an einem bestimmten Tag Joggen gehen. Einen Monat auf Alkohol oder Zigaretten verzichten. Ach, mir würde da noch so vieles einfallen.

Nächste Station Glückstadt

In wenigen Minuten erreichen wir den Bahnhof Glückstadt. Endstation, bitte alle aussteigen. Wir bedanken uns, dass Sie mit dem Jammerlappen Express gefahren sind und sagen tschüss und bye bye.

Ich danke Ihnen, dass ich Sie auf dieser Ihrer Reise zu Ihrer eigenen Persönlichkeit begleiten durfte. Ich hoffe, nein ich weiß, dass Sie gelacht, geweint und viele schöne Bilder in Ihrem Kopf gesehen und gespeichert haben.

Ich würde mich freuen, Sie wiederzusehen. Dann im *Glücksexpress.*

Seien Sie gewiss, dass ich mit Ihnen einen ganz wundervollen Menschen habe kennenlernen dürfen.

Sie sind ein guter und wertvoller Mensch.

Machen Sie Ihr Bestes sichtbar.

Ich wünsche Ihnen von ganzem Herzen alles Gute und viel Erfolg auf Ihrer Reise durchs Leben.

Motivierende Grüße

Ihr

Dirk-Oliver Lange

Anhang

So schmieden Sie Ihren Persönlichkeitserfolg

Glück und Erfolg sind kein Zufall. Jeder kann sein Erfolgsglück selbst in die Hand nehmen, wenn er nur will. Zu 50 % ist uns das Erfolgsglück in die Wiege gelegt, aber 50 % unseres Erfolgsglücks bestimmen wir selbst mit unserem Handeln und unseren Einstellungen, unseren Gewohnheiten und unserem Bewusstsein.

Erfolgsglück

Was ist das eigentlich? Sich all die Dinge leisten zu können, von denen man schon immer geträumt hat? Oder Urlaub haben und einfach die Seele baumeln lassen? Leistung erbringen und erfolgreich sein? Nie mehr arbeiten müssen und tun und lassen können, was man möchte? Eine Partnerschaft oder eine Familie haben und gemeinsam schöne Dinge erleben?

Befolgen Sie diese zehn Lektionen, ein Crashkurs mit allem, was Sie in diesem Buch über sich und das Leben gelernt haben – und werden Sie glücklich!

Erfolgs-Lektion Nr. 1: Selbsterkenntnis üben und Entscheidungen treffen

Hierfür brauchen Sie etwas Zeit und einen Zettel. Notieren Sie, welche Dinge Sie derzeit belasten. Seien Sie ehrlich zu sich selbst, denn es geht um Ihr Erfolgsglück. Wichtig: Denken Sie noch nicht über die Lösung nach, sondern sammeln Sie nur Gefühle, die Sie derzeit belasten.

Fertig?

Dann besteht Ihre Aufgabe einzig darin, die Entscheidung zu treffen, von nun an „erfolgreich" zu sein oder weiterhin in der Komfortzone des Unglücklichseins und des Mittelmaßes zu bleiben.

Erfolgs-Lektion Nr. 2: Ziele setzen und positive Gewohnheiten erzeugen

Sie haben sich entschieden, glücklich zu sein? Wunderbar.

Dann definieren Sie jetzt Ihre ganz persönlichen Ziele: Was möchte ich privat oder beruflich ändern? Möchte ich mich gesünder ernähren, mich mehr bewegen oder genügend Zeit für mich und meine Entspannung haben?

Wichtig: Nur wenn Sie Ihre Ziele konkret schriftlich formulieren und schrittweise kontinuierlich umsetzen, wird daraus eine positive Gewohnheit und der Schlüssel zum Erfolgsglück.

Erfolgs-Lektion Nr. 3: Prüfen Sie Ihre Kraftquelle – Ihr Zuhause

Wenn das Leben sich nicht gut anfühlt, dann zieht es den Menschen nach Hause. Aber gibt Ihnen Ihr Zuhause die Regeneration, die Sie so dringend brauchen?

Gehen Sie von Raum zu Raum und notieren Sie, welche Dinge Ihnen gefallen und welche weniger: Beginnen Sie stets am Boden und dann über die Wände bis zur Decke. Wollten Sie schon immer mal Bilder an der Wand oder eine andere Wandfarbe haben? Endlich die Lampe an der Decke anbringen? Dringend aufräumen und so Platz schaffen?

Wie sieht Ihr Schlafzimmer aus? Liegt Ihr Bettzeug noch so, wie Sie heute Morgen aufgestanden sind? Ihr Bett soll Sie jeden Tag willkommen heißen, also investieren Sie jeden Morgen 15 Sekunden, um es herzurichten.

Wichtig: Versuchen Sie nicht, alles auf einmal ändern zu wollen. Mit kleinen Schritten gehen Sie einen großen Schritt in Richtung Erfolg.

Erfolgs-Lektion Nr. 4: Gute Freundschaften und Energieräuber

Jeder Mensch braucht einen guten Freund, der immer da ist und ihn unterstützt – egal, was im Leben passiert. Jemand, der Sie nimmt, wie Sie sind. Dennoch umgeben wir uns immer wieder mit Menschen, die uns nicht gut tun.

Notieren Sie alle Menschen, die zu Ihrem näheren Umfeld zählen. Jeder Person ordnen Sie Eigenschaften zu: Wie sehen Sie diesen Menschen? Können Sie mit ihm lachen, gute Gespräche führen, und fühlen Sie sich wohl in seiner Nähe? Oder lässt dieser Mensch nur seine Meinung zu, ist neidisch, oberflächlich, und Sie möchten sich diesem Menschen nicht öffnen?

Setzen Sie nun Prioritäten. Beginnen Sie mit der Nr. 1 für die wichtigste Person. Wichtig: Sie dürfen nur eine Ziffer pro Person vergeben! Schreiben Sie diese Menschen in der Reihenfolge auf einen neuen Zettel und entscheiden Sie, welche Dinge Sie in Zukunft mit ihnen teilen möchten. Somit schützen Sie sich vor falschen Erwartungen und Enttäuschungen. Widmen Sie den ausgewählten Menschen mehr Zeit Ihres Lebens und allen anderen weniger.

Erfolgs-Lektion Nr. 5: Innehalten – Erforschen Sie, wer Sie wirklich sind

Begeben Sie sich an einen Ort, der Ihnen Ruhe und Geborgenheit vermittelt. Wer Wut ständig runterschluckt, läuft Gefahr, bei einer Kleinigkeit zu explodieren. Manchmal ist es schwer, Frust und Verletzungen in Worte zu fassen. In dieser Lektion geht es darum, Gefühle zu zeigen und sich Schwächen einzugestehen. Niemand ist perfekt, auch wenn sich die meisten viel Mühe geben, diesen Eindruck durch teure Kleidung oder andere Statussymbole zu vermitteln.

Wenn Ihnen nach Weinen ist, dann weinen Sie! Wenn Ihnen nach Schreien ist, dann gehen Sie in den Wald und schreien Sie Ihre Wut heraus. Gehen Sie in ein Boxstudio und benennen Sie mit jedem Boxschlag Ihre Wut oder Angst. Trauen Sie sich und machen Sie sich frei von Meinungen Dritter!

Den Mutigen gehört die Welt. Wer etwas ändern will, muss etwas wagen. Die eigene Angst in den Griff kriegen. Mut haben und auf sich selbst vertrauen. Konzentration auf den Augenblick und alles andere ausblenden.

Der Lohn: Sie lösen sofort emotionale Blockaden und verspüren ein intensives Glücksgefühl. Nur Sie selbst sind für sich und Ihren Erfolg verantwortlich. Sie sind der wichtigste Mensch in Ihrem Leben – die Nr. 1.

Erfolgs-Lektion Nr. 6: Loslassen und Ballast abwerfen

Schreiben Sie einen Vergebungsbrief und werfen Sie damit Ballast ab. Wem möchten Sie vergeben? Ihrem Arbeitgeber oder Kollegen, dem Expartner, dem Glück, das immer einen großen Bogen um Sie macht? Jeder von uns hat Verletzungen erlitten. Wer Hass und Wut jahrelang mit sich herumträgt, kann nicht nach vorne kommen. Wichtig: Fangen Sie immer mit sich selbst an. Was möchten Sie sich verzeihen?

Verwandeln Sie durch Vergebung die Anspannung in Entspannung und erkennen Sie Ihren Erfolg, wenn Sie loslassen und verzeihen. Beenden Sie diese Erfolgslektion mit einem Ritual und vernichten Sie diesen Zettel. Ganz bewusst und mit dem einen Ziel: Jetzt frei zu sein und Ihr Leben wieder in die Hand zu nehmen.

Erfolgs-Lektion Nr. 7: Achtsamkeit – Konzentration auf das Hier und Jetzt

An welchem Ort fühlen Sie sich wohl? Vielleicht in einem Café? Dann gehen Sie in dieses Café und führen die folgende Glückslektion durch: Fünf Minuten volle Konzentration auf das Jetzt. Vielleicht die Tasse Kaffee, die vor Ihnen steht. Wie sieht die Tasse aus, wie der Milchschaum, wie riecht der Kaffee, wie schmeckt der Kaffee?

Diese Übung können Sie zu jeder Zeit an jedem Ort Ihrer Wahl machen. Sich auf das Wesentliche besinnen. Nur 5–10 % unserer Gedanken betreffen die Gegenwart. Die meiste Zeit grübeln wir über Vergangenes, das wir nicht mehr ändern können. Probieren Sie es aus, Sie werden positiv überrascht sein.

Erfolgs-Lektion Nr. 8: Bewegung und Ernährung

Regelmäßige Bewegung ist ein Garant für ein Glücksgefühl. 3 × 30 Minuten pro Woche genügen bereits, um die Produktion von Glücksbotenstoffen wie das Glückshormon Serotonin anzukurbeln. Joggen ist dafür wissenschaftlich erwiesen die beste Wahl, aber kein Muss. Walken oder ein ausgedehnter Spaziergang an der frischen Luft erfüllen den gleichen Zweck.

Wenn Sie sich nur schwer gegen Ihren inneren Schweinehund durchsetzen können, dann bitten Sie Freunde, Ihnen zu helfen. Setzen Sie sich feste Termine für Ihre Bewegung und belohnen Sie sich, wenn Sie aktiv waren. Legen Sie sich alles bereit, was Sie für den Sport brauchen, damit Sie nicht erst lange darüber nachdenken müssen und es dann sein lassen.

Gehen Sie achtsam mit Ihrem Körper um und achten Sie auch auf Ihre Ernährung. Arbeiten Sie nie mit Verboten! Wenn Ihnen heute nach Fast Food, Schokolade oder etwas anderem ist, dann genießen Sie für diesen Moment ganz bewusst. Wichtig ist eine regelmäßige Ernährung vom Frühstück bis zum Abendessen, damit Ihr Körper stets die Energie zur Verfügung stellen kann, die Sie für die hohen Ansprüche des Tages benötigen.

Erfolgs-Lektion Nr. 9: Entspannung

Ein Tag hat 24 Stunden und das wird auch so bleiben! Wenn wir 6–8 Stunden für Ihren wichtigen Schlaf abziehen, weil hier Ihr Körper und vor allem Ihre Seele regeneriert, dann bleiben Ihnen noch rund 16 Stunden für Beruf und Privatleben.

Nur wer erkennt, dass ein geregeltes Privatleben und die durch eigene Ruhe oder soziale Aktivitäten entstehende Entspannung uns die Kraft vermittelt, die wir als Ausgleich zu den hohen Ansprüchen an unser Leben benötigen, wird dauerhaft glücklich sein. Wir arbeiten, um zu leben, und nicht umgekehrt.

Erfolgs-Lektion Nr. 10: Durchhalten und nie aufgeben

Ein zu großes Ziel scheint oft nicht erreichbar zu sein. Daher gilt für jede dieser Erfolgslektionen: Jeden Tag Kleinigkeiten ändern, die langfristig große Wirkung zeigen! Nur so kann sich auch ein bewusstes Erfolgs- und Glücksgefühl einstellen.

Sie benötigen für Ihren dauerhaften Erfolg mindestens drei Monate regelmäßiger und aktiver Arbeit an sich selbst. Jeder Mensch hat verborgene Reserven, die er im Notfall aktivieren kann. Überwinden Sie Ihre Grenzen, es lohnt sich.

Willkommen im Leben!

Literaturverzeichnis

Vielen Dank für die wertvollen Inspirationen an folgende Autoren:

Albers, Markus: Morgen komm ich später rein. Campus Verlag, Frankfurt am Main 2008

Bamberger, Christoph M.: Besser leben, länger leben. Knaur Ratgeber Verlag, München 2006

Bamberger, Christoph M.: Stress-Intelligenz. Knaur Ratgeber Verlag, München 2007

Bandelow, Borwin: Das Angstbuch. Rowohlt Verlag, Reinbek bei Hamburg 2004

Bohlen, Dieter: Der Bohlenweg. Planieren statt Sanieren. Heyne Verlag, München 2010

Brizendine, Louann: Das weibliche Gehirn. Wilhelm Goldmann Verlag, München 2008

Byrne, Rhonda: The Power. Knaur Verlag, München 2010

Byrne, Rhonda: The Secret. Arkana Verlag, Göttingen 2007

Carnegie, Dale: Sorge dich nicht – lebe! S. Fischer Verlag, Frankfurt am Main 2011

Ferriss, Timothy: Die 4-Stunden Woche. Mehr Zeit, mehr Geld, mehr Leben. Econ Verlag, Berlin 2010

Franckh, Pierre: Das Gesetz der Resonanz. Koha Verlag, Burgrain 2010

Geiss, Carmen und Robert: Von nix kommt nix: Voll auf Erfolgskurs mit den Geissens. Heyne Verlag, München 2013

Gukerle, Siegfried: YOU! Endlich Glücklich. Life Productions, München 2010

Hellwig, Mike: Befreie dein inneres Kind. Verlag Herder, Freiburg im Breisgau 2011

Hill, Napoleon: Denke nach und werde reich. Pickup/Ariston Verlag, München 2005

Jacobsen, Olaf: Ich stehe nicht mehr zur Verfügung. Windpferd Verlagsgesellschaft, Oberstdorf 2010

Lee, Roberta: Schluss mit dem Stress. Das erste ganzheitliche Programm gegen Burn-out. Krüger Verlag, Frankfurt am Main 2010

Merkle, Rolf: So gewinnen Sie mehr Selbstvertrauen. PAL Verlagsgesellschaft, Mannheim 2009

Pauer, Nina: Wir haben keine Angst. Gruppentherapie einer Generation. S. Fischer Verlag, Frankfurt am Main 2011

Peirano, Julia; Konrad, Sandra: Der geheime Code der Liebe. List Verlag, Berlin 2011

Potreck-Rose, Friederike: Von der Freude, den Selbstwert zu stärken. Klett-Cotta Verlag, Stuttgart 2009

Sammer, Ulrike: Verlustangst und wie wir sie überwinden. Klett-Cotta Verlag, Stuttgart 2009

Schache, Ruediger: Das Geheimnis des Herzmagneten. Wilhelm Goldmann Verlag, München 2010

Scherer, Hermann: Der Weg zum Topspeaker. Gabal Verlag, Offenbach 2015

Seelbach, Torsten: AFNB – Akademie für neurowissenschaftliches Bildungsmanagement. Köln 2014

Wolf, Doris; Merkle, Rolf: Gefühle verstehen, Probleme bewältigen. Eine Gebrauchsanleitung für Gefühle. PAL Verlagsgesellschaft, Mannheim 2012

Wolf, Doris: Ängste verstehen und überwinden. PAL Verlagsgesellschaft, Mannheim 2010

... und vielen weiteren.

Wissenschaftliche Quellenangaben

Ich bin ich, und das ist auch gut so

DAK-Gesundheitsreport 2015, DAK Forschung, Martin Kordt, DAK-Gesundheit, Nagelsweg 27–31, 20097 Hamburg, Tel. 040 2396–2649, Email: martin.kordt@dak.de

Unsere innere Kuckucksuhr

The MAP Kinase p38 Is Part of Drosophila melanogaster's Circadian Clock. Verena Dusik, Pingkalai R. Senthilan, Benjamin Mentzel, Heiko Hartlieb, Corinna Wülbeck, Taishi Yoshii, Thomas Raabe, Charlotte Helfrich-Förster. Kontakt: Prof. Dr. Charlotte Förster, T: (0931) 31–88823

Seepferdchen im Kopf

Duss, S. B., Reber, T.P., Hänggi, J., Schwab, S., Wiest, R., Müri, R. M., Brugger, P., Gutbrod, K., & Henke, K.: Unconscious relational encoding depends on hippocampus, BRAIN, Volume 137, Part 10, October 2014 (in press). 01.10.2014. Universität Bern, Kommunikation & Marketing, Hochschulstr. 4, 3012 Bern, kommunikation@unibe.ch, Tel. +41 (0)31 631 80 44, Fax +41 (0)31 631 45 62.

Laminar activity in the hippocampus and entorhinal cortex related to novelty and episodic encoding. Anne Maass, Hartmut Schütze, Oliver Speck, Andrew Yonelinas, Claus Tempelmann, Hans-Jochen Heinze, David Berron, Arturo Cardenas-Blanco, Kay H. Brodersen, Klaas Enno Stephan, Emrah Düzel. Nature Communications, 2014, doi: 10.1038/ncomms6547. Kontakt: Dr. Marcus Neitzert, DZNE, Wissenschaftsredakteur, +49 (0) 228 / 43302–271, marcus.neitzert@dzne.de

Mein Haus, mein Auto, mein Tretboot

Ulrich J. Pfeiffer, Leonhard Schilbach, Bert Timmermans, Bojana Kuzmanovic, Alexandra L. Georgescu, Gary Bente, Kai Vogeley

Why we interact: On the functional role of the striatum in the subjective experience of social interaction

NeuroImage, In Press, Available online 2 July 2014, DOI 10.1016/j.neuroimage.2014.06.061. Forschung am Institut für Neurowissenschaften und Medizin, Kognitive Neurowissenschaften (INM-3) Ansprechpartner: Dr. Ulrich Pfeiffer. Tel. 02461 61–3902. Email: u.pfeiffer@fz-juelich.de

Festplatte im Gehirn formatieren

Oxytocin Facilitates the Extinction of Conditioned Fear in Humans, Fachjournal "Biological Psychiatry", DOI: 10.1016/j.biopsych.2014.10.015. Prof. Dr. Dr. René Hurlemann. Klinik und Poliklinik für Psychiatrie und Psychotherapie des Universitätsklinikums Bonn. Tel. 0228/28719124, E-Mail: r.hurlemann@gmail.com

Entscheidungen treffen

Sarah Rudorf und Todd Hare. Interactions between Dorsolateral and Ventromedial Prefrontal Cortex Underlie Context-Dependent Stimulus Valuation in Goal-Directed Choice. Journal of Neuroscience, November 26, 2014, 34(48):15988–15996.

So ein Gierlappen

Mussel, P., Reiter, A, M. F., Osinsky, R. & Hewig, J. (2014). State- and trait-greed, its impact on risky decision-making and underlying neural mechanisms. Social Neuroscience, 10.

doi: 10.1080/17470919.2014.965340. Kontakt: Dr. Patrick Mussel, Fakultät für Humanwissenschaften, Lehrstuhl für Psychologie I, Arbeitsgruppe Differentielle Psychologie, Persönlichkeitspsychologie und Psychologische Diagnostik T. +49–931–31–83782, E-Mail: patrick.mussel@uni-wuerzburg.de

Gemeinsam lässt sich mehr bewirken

Christian Hilbe, Bin Wu, Arne Traulsen & Martin A. Nowak, Cooperation and control in multiplayer social dilemmas PNAS online, 27 October 2014. Ansprechpartner: Prof. Dr. Arne Traulsen, Max-Planck-Institut für Evolutionsbiologie, Plön, Telefon:+49 4522 763–239, Fax:+49 4522 763–260, E-Mail:traulsen@evolbio.mpg.de, Max-Planck-Gesellschaft zur Förderung der Wissenschaften e.V., Hofgartenstraße 8, 80539 München.

Ein guter Chef sein

Gallup Deutschland, Engagement Index 2014, www.gallup.de

Universität Osnabrück, Prof. Dr. Carsten Steinert, Professor für Betriebswirtschaftslehre, insbesondere Personalmanagement. Email: steinert@wi.ha-osnabrueck.de

Zum Autor

Dirk-Oliver Lange, Jahrgang 1969, lebt in Hamburg. Er ist Unternehmer und Geschäftsführer der LifeB Akademie für Persönlichkeitserfolg und Unternehmensführung. Als ausgebildeter Werbekaufmann verfügt er über internationale Erfahrungen als Führungskraft in Werbeagenturen und in der Produktentwicklung. Er ist heute als Keynote Speaker für Persönlichkeitserfolg, Buchautor und Mentalcoach tätig.

Veränderungsprozesse in Menschen und Unternehmen kompetent und erfolgreich begleiten ist seine Expertise. Mit seinen Vorträgen, Seminaren und Coachings im Bereich Persönlichkeitserfolg verhilft er seinen Kunden seit 18 Jahren zu mehr Eigenverantwortung im Privatleben und in Unternehmen.

Der Keynote Speaker und Vortragsredner der neuen Generation steht für direkte und ehrliche Worte, die er mit trockenem Humor und hanseatischem Understatement präsentiert.

Seine Mission ist es, das Beste im Menschen sichtbar zu machen, sowie seine Passion – die Neurowissenschaft – amüsant, verständlich und umsetzbar zu vermitteln.

Seinen Impulsen aus Vorträgen im gesamten deutschsprachigen Raum und weltweiten Medien folgen bereits mehr als 18 Millionen Menschen. Er verzeichnet eine Vielzahl an Referenzen und ist als Mentalcoach und Experte für Persönlichkeitserfolg aus Presse und TV bekannt.

Kontakt:

Dirk-Oliver Lange
Hans-Henny-Jahnn-Weg 16
22085 Hamburg

Telefon: 040–76 39 37 49
E-Mail: management@dirkoliverlange.com

Persönliche Homepage: www.DirkOliverLange.com

Facebook: www.facebook.com/DirkOliverLange

Website zum Buch: www.jammerlappen-express.de

Danke

Beginnen möchte ich bei meinem *Verlag Edition Forsbach*, insbesondere bei meiner *Verlegerin Dr. Beate Forsbach*, die mir Vertrauen in meine Arbeit und Person entgegengebracht hat. Ein Verlag, bei dem man sich als Autor rundherum wohl fühlt.

Danke an meine *Coaching-Klienten* für den Impuls, doch endlich dieses Buch zu schreiben.

Danke an meine ***vielen Begleiter*** in den sozialen Netzwerken.

Danke an meine *Auftraggeber*, die mir ermöglichten, meine Impulse als Keynote Speaker und Vortragsredner auf der Bühne vermitteln zu dürfen.

Danke an meine *Freunde*, die nicht mit den Augen rollten bei dieser wahnwitzigen Idee, sondern mich ermutigten loszulegen. Danke für ihr wahres Interesse an diesem, meinem ersten Buch, das mir sehr viel bedeutet.

Danke an meinen Freund, den TV-Moderator *Jörg Boecker* für seine Unterstützung beim Hörbuch und für sein treffendes Vorwort.

Danke an *Karsten Linke*, den besten Mediencoach, der mir den Feinschliff gab und mir auch heute immer noch tatkräftig zur Seite steht.

Danke an meine *Helfer*, die so fleißig im Hintergrund dazu beitragen, dass jeder Auftritt ein Erfolg wird. Ohne euch hätte ich das nicht geschafft.

Danke an meine *Familie* und besonders an meine *Partnerin*. Du hast vom ersten Moment an mich geglaubt, mich immer wieder motiviert und oft zurückgesteckt. Du hast mir Halt und den notwendigen Ausgleich gegeben. Ich bin glücklich, dass es dich gibt und dass du bedingungslos an meiner Seite bist. Du bist mein Fels in der Brandung.

Danke an *Sie*, liebe Leserin, lieber Leser, die mein Buch gelesen haben.

Danke an *alle nicht erwähnten Personen*, die meinen Herzenswunsch haben Realität werden lassen.

Hamburg, im April 2016 Dirk-Oliver Lange

Aktuelle Vorträge und Seminare mit Dirk-Oliver Lange

Vorträge / Keynotes

Paradigmen-Dschungel – Raus aus der Gewohnheitsfalle

Aufstehen, Zähne putzen, frisch machen, anziehen, frühstücken. Dinge, die man jeden Tag macht. Jeden Tag zur selben Uhrzeit, mit demselben Gedeck, Getränk und auch denselben Handgriffen. Gewohnheiten, die das Leben erleichtern. Tun sie das wirklich?

Keynote Speaker Dirk-Oliver Lange entlarvt in seinen Vorträgen und Keynotes diese kleinen Routinen, legt den Finger in die Gewohnheitswunde, rührt darin und hält sie seinen Zuhörern einfach mal vor.

Denn: Was wäre wenn? Ja, wenn es eine Veränderung gäbe, weg vom „Das habe ich immer so gemacht"?

Leinen los für einen hellwachen Impuls-Vortrag mit einem waschechten Hanseaten, der Klartext spricht, Eingeschliffenes über Bord wirft und mit den Teilnehmern in eine völlig neue Richtung segelt. Seine Devise „Immer eine Handbreit Wasser unterm Kiel" lässt schließlich Spielraum – auch für eine neue Frühstückstasse, ein neues Tischset oder auch neue Gesellschaft beim krossen Brötchen.

Der Vortrag eignet sich für Kundenveranstaltungen zur Positionierung des Unternehmens, als Kick-Off-Veranstaltung, als humorvolle Keynote mit einer wahren, impulsiven Message: Brechen Sie doch mal aus der Gewohnheitsfalle aus! Leinen los für Neues.

Nähere Infos, auch zur Buchung, gibt es unter www.DirkOliverLange.com

Dein Bestes sichtbar machen! – Mehr Teamgeist in Unternehmen

Ein starkes Team ist ein Erfolgsgarant. Doch wie ist das zu erreichen? Durch mehr Eigenverantwortung für einzelne Mitarbeiter, durch das gezielte Nutzen von Emotionen, guter Ausbildung, Stärkung und Motivation. Sobald diese Faktoren eine intrinsische Motivation im Mitarbeiter auslösen, zieht das Team an einem Strang, hat gemeinsame Ziele und erreicht diese auch.

Dirk-Oliver Lange zeigt in seinem Impulsvortrag praxis- und lösungsorientiert Wege zu diesem Ziel auf. Darüber hinaus vermittelt er die Wirkung der Selbstmanipulation zur intrinsischen Motivation. Interessant und informativ bietet Lange gerade durch seine spezielle hanseatische Art der Formulierung und Vermittlung Mitarbeitern, Führungskräften und Vertriebs-Spezialisten die perfekte Mischung aus Wissenstransfer, Entertainment und bewegendem Infotainment. Seine Erfahrung aus einer 18-jährigen Tätigkeit in der Mitarbeiterentwicklung und dem Führungskräfte-Coaching kommen ihm dabei zugute.

Buchen Sie noch heute Ihren Impuls-Vortrag zum Thema ***Dein Bestes sichtbar machen! - Mehr Teamgeist in Unternehmen*** über folgende E-Mail-Adresse management@dirkoliverlange.com

Hilfe, ein Gast! Gemeinsam im Hotel verweilen

Dirk-Oliver Lange lädt ins Hotel ein. Es verspricht, gut betreut zu werden. Wieso? Weil der eigentliche Hotelier oder Mitarbeiter hier in die Rolle des Gastes schlüpfen kann, um so die Gefühle des Gastes, seine Bedürfnisse, Erlebnisse, Enttäuschungen und Freuden am eigenen Leib zu erleben. Diese Erfahrung erzeugt eine enorme Kundenbindung und auch Motivation dem tatsächlichen Gast gegenüber. Zu wissen, wie sich eigentlich derjenige fühlt, für den das Zimmer vorbereitet, für den gekocht und gekellnert wird.

Der Vortrag mit dem Titel ***Hilfe, ein Gast! Gemeinsam im Hotel verweilen*** ist als Keynote oder Seminar buchbar über die Website www.DirkOliverLange.de. Es verspricht ein humorvoll-lehrreiches Mahl am Tisch von Dirk-Oliver Lange zu werden.

Seminare

Mitarbeitermotivation: Mitarbeiter sicher zum Persönlichkeitserfolg führen

Das Ziel steht fest. Das Team ebenso. Es besteht aus vielen unterschiedlichen Persönlichkeiten. Was hemmt also den Erfolg? Die Persönlichkeiten? Ihr Glaskugel-Syndrom oder Einsiedlerdasein?

Ein wacher, dem Team aber auch sich selbst gegenüber eigenverantwortlich handelnder Mitarbeiter ist Gold wert. So werden Erfolge im Einzelnen eingefahren, die sich insgesamt auf das gemeinsame Ziel auswirken. Entscheidungen werden gefällt und miteinander kommuniziert, wobei man sich gegenseitig unterstützt, statt sich zu hemmen.

Als gebürtiger Norddeutscher holt Dirk-Oliver Lange die Mitarbeiter an Bord. Gemeinsam werden die Segel gesetzt, das Schiff auf Kurs gebracht. Denn kein Segelturn kann funktionieren ohne eine anständige Crew, die Hand in Hand agiert.

Durch dieses Ineinandergreifen innerhalb des sechsstündigen Tages-Seminares erleben die Mitarbeiter eine Entwicklung mit enormer Nachhaltigkeit.

- ***Sie entdecken und aktivieren ihren natürlichen Egoismus.***
- ***Sie erkennen und ändern hemmende Gewohnheiten.***
- ***Sie erleben, wie einfach sich Eigenverantwortung erhöhen lässt.***
- ***Sie erfahren, wie positiv sich ein Persönlichkeitserfolg auf das Team auswirkt.***
- ***Sie realisieren, dass gerade das Grenzen setzen Bewegung erzeugt und Abläufe beruhigt.***
- ***Sie sehen, dass auch ein Königreich-Prinzip das Team stärken wird.***

Alle Teilnehmer verstehen, verdeutlicht durch die Ergebnisse der Hirnforschung, warum Menschen in unterschiedlichen Situationen unterschiedlich handeln.

Die Teilnahme an dieser Reise ist auf 10 Personen begrenzt. Buchungen werden über www.DirkOliverLange.de entgegengenommen.

Erfolgreiche Kommunikation: Mit den Ohren reden!

Die Ohren sind an allem schuld. Nicht, weil sie so schmutzig sind, sondern weil sie die menschliche Kommunikation steuern. Denn was man hört oder nicht hört, bestimmt die sprachlichen oder emotionalen Folgen. Eine fehlerhafte oder fehlende Kommunikation steht also bei zwischenmenschlichen oder betrieblichen Problemen als Ursache ganz weit oben. Denn meist wird das Gehörte interpretiert und nicht verarbeitet. Die Reaktion erfolgt auf die Interpretation.

Dirk-Oliver Lange kommuniziert direkt. Als Hanseat ist das sein Naturell. Er kommuniziert so, dass sich die Informationen als bewegte Bilder durch das Ohr direkt ins Gehirn brennen. Das überwindet Blockaden und ermöglicht den Teilnehmern viele „Aha-Erlebnisse“ sowie ein nachhaltiges Verhaftenbleiben des Erlebten bzw. Gehörten.

So erlernen die Teilnehmer:

- ***Das Gehirn ist ein Erlebnis-Speicher und kein Datenspeicher.***
- ***Wie reguliere ich zwischenmenschliche oder berufliche Kommunikationsprobleme?***
- ***Wie erkenne ich so genannte Killer-Worte und vermeide sie?***
- ***Wieso die Ohren unsere Kommunikation steuern.***

Entdecken Sie mit Dirk-Oliver Lange die Ohren in seinem Seminar ***Erfolgreiche Kommunikation: Mit den Ohren reden.***

Anmeldung über www.DirkOliverLange.de

Hotellerie: Hilfe, ein Gast! – Upselling durch Persönlichkeit

Wer steht eigentlich am Counter und begrüßt den Gast? Wie verhält er sich den einzelnen Charakteren gegenüber?

In diesem Seminar haben die Mitarbeiter der Hotellerie die Möglichkeit, einmal die Seite zu wechseln. Sie sind der Gast, erleben in Gedanken und Taten, wie es ist, den Platz zu tauschen. Gerade neurowissenschaftliche Erkenntnisse spielen hier eine besondere Rolle. Ziel ist es, aus der Rolle des Gastes heraus das Bewusstsein dafür zu wecken, dass der persönliche Erfolg des Mitarbeiters entscheidend zum wirtschaftlichen Erfolg des Hotels beiträgt. Folglich ist das Konzept für die Bereiche Front-Office, F&B, Sales sowie Veranstaltungsmanagement/Bankett entwickelt worden.

Hotellerie: Hilfe ein Gast! – Upselling durch Persönlichkeit ist in zwei Varianten buchbar.

Version 1: SEMINAR PUR

Dauer: 6 Stunden

Version 2: SEMINAR PLUS

Lassen Sie sich nach dem Seminar einzeln und individuell bis 23 Uhr coachen.

Inhalte des Seminars:

- ***Wie interpretiere ich die beim Gast gesehenen Wünsche?***
- ***Wie gehe ich mit den individuellen Wünschen des Gastes zielgerichtet um?***
- ***Wie mache ich die Authentizität der Mitarbeiter sichtbar?***
- ***Upselling nach neurowissenschaftlichen Erkenntnissen***
- ***Wie stelle ich einen Persönlichkeitserfolg bei den einzelnen Mitarbeitern her?***
- ***Was bedeutet es, unter Kollegen erfolgreich zu kommunizieren?***
- ***Nachhaltige Motivation durch Identifikation***

Werden Sie Gast im Hause Lange und buchen Sie Ihren Aufenthalt unter www.DirkOliverLange.com bzw. über buchung@dirkoliverlange.com

Alle aktuellen *Vorträge und Seminare* können Sie auch über diesen QR-Code erreichen!

LifeB

LifeB Akademie für Persönlichkeitserfolg und Unternehmensführung

Kein Schiff fährt ohne Persönlichkeiten. Jeder bringt sich ein, trägt zu Neuerungen, Weiterentwicklung und letztendlich daraus resultierend zum Erfolg einer Unternehmung und eines Unternehmens bei. Die LifeB Akademie für Persönlichkeitserfolg und Unternehmensführung ist bereits seit 18 Jahren auf Kurs und nimmt stets neue Fahrt auf. Mitarbeiter wie Manager schätzen gerade diese zielführende, nordisch-sachliche Art der Coaches.

Hierbei liegen die Schwerpunkte auf drei Bereichen:

1) Führungskräfte- und Personalentwicklung nach neurowissenschaftlichen Erkenntnissen

2) Persönlichkeitsentwicklung durch Mentalcoaching

3) Mentalcoaching und Begleitung von Personen des öffentlichen Lebens

Zu 1: Wir beraten und begleiten die Personalentwicklung der Unternehmen.

Durch unser neurowissenschaftliches Bildungsmanagement optimieren wir vorhandene Strukturen in Verbindung mit der Erhöhung der intrinsischen Motivation der Führungskräfte und Mitarbeiter. Dadurch kann sich ein Unternehmen schrittweise zu einem attraktiven Arbeitgeber entwickeln. Dieses positive Ergebnis wirkt sich auf alle Bereiche des Unternehmens aus. Es erhöht sich folglich der Unternehmensgewinn.

Zu 2: Persönlichkeitsentwicklung durch Mentalcoaching

Sich selbst als klein, hässlich und minderwertig zu sehen, bringt keinem Unternehmen eine Weiterentwicklung. Unser Mentalcoaching auf Basis der neurowissenschaftlichen Hirnforschung verhilft Ihnen nachhaltig,

Ihre Lebenssituation positiv zu verändern. Jeder Mensch verfügt über enorme Ressourcen und Begabungen. Jedoch ist es nur wenigen möglich, dieses Potenzial erfolgreich ein- und umzusetzen.

Nehmen Sie den Druck aus Ihrem Leben, stärken Sie Ihre Stärken und erfahren Sie eine sofortige Verbesserung. Vereinbaren Sie noch heute Ihr kostenfreies Informationsgespräch.

Zu 3: Be a star – aber bitte gestärkt und zufrieden

Mentalcoaching und Begleitung von Personen des öffentlichen Lebens

Visagisten, Stylisten, PR-Berater, Management, Pressetermine, Interviews, Veranstaltungen, Blitzlichtgewitter, Chauffeure, Reisen unter Termindruck, längere Abwesenheiten von zu Hause, Eingriff in das Privatleben durch Paparazzis und vieles mehr bestimmen das Leben eines Prominenten.

Gerade diese permanente Reizüberflutung kann sehr belastend werden. Dies tritt vor allem bei rückläufigem Erfolg auf, da die „Sucht nach dem roten Teppich“ oftmals zu einer emotionalen Leere führt, die nicht selten durch Alkohol oder Betäubungsmittel jeglicher Art spontan gefüllt wird. Denn gerade Künstler sind sensibel und verletzlich. Wir, das Team von Life B, kennen dieses Phänomen. Wir sind seit Jahren darauf spezialisiert, Prominente durch eine Regulierung der Balance bei Reizüberflutung oder persönlichen Problemen absolut diskret zu betreuen.

Melden Sie sich noch heute bei uns und finden Sie zurück zu Ihrer Balance.

Wir sind für Sie da:

LifeB Akademie für Persönlichkeitserfolg und Unternehmensführung

Hans-Henny-Jahnn-Weg 16 | 22085 Hamburg | Tel. +49(0)40-76 39 37 49

info@lifeb-coaching.de | www.lifeb-coaching.de

51 Cent – ich wollte nur Kaffee kaufen

Es war der 4. September 2015, als ich früh morgens dieses berührende Erlebnis hatte. Eigentlich war ich verärgert über meine eigene Nachlässigkeit, doch sollte sich dieser Tag wie die folgenden Tage für immer in meiner Erinnerung abspeichern. Mir wieder einmal zeigen, dass es oft nicht so im Leben ist, wie wir im ersten Augenblick denken oder beurteilen. Ich glaube an diese magischen Momente, die uns etwas mitteilen sollen und fernab von jeglicher Rationalität sind.

Eine rein emotionale Handlung, mit der ich weltweit bis heute über 18 Millionen Menschen in den sozialen Netzwerken und auf anderen Wegen berührte. Medien, die darüber berichteten, viele Radiosender, die mein Erlebnis vorlasen und unendlich viele Nachrichten, die ich aus der ganzen Welt bekam. Auch die namhaften Fernsehsender baten um einen Interviewtermin. Alle Interviews habe ich jedoch dankend abgelehnt, denn es ging mir nicht darum, mich in den Vordergrund zu stellen. Ich wollte einen Impuls geben, auf die Bremse unseres Lebens zu treten und wieder zu sehen, was unmittelbar um uns herum passiert.

Wie einfach es ist, einem Menschen eine Freude zu machen, Nächstenliebe zu leben und einem Menschen Wertschätzung entgegenzubringen, dürfen Sie selbst lesen in meinem Buch „Heute im Supermarkt – Ein kleiner Impulsgeber für mehr Menschlichkeit", das im Herbst 2016 erscheint.

Edition Forsbach
Leben & Mee(h)r

Vorankündigung:

Dirk-Oliver Lange

Heute im Supermarkt

Ein kleiner Impulsgeber für mehr Menschlichkeit

11,6 x 18,6 cm, ca. 120 Seiten
ISBN 978-3-95904-005-1
Edition Forsbach 2016

erscheint im Herbst 2016

Wie 51 Cent mehr als 18 Millionen Leser und Hörer berührten

Dirk-Oliver Lange berührte mit seinem Erlebnis in einem Hamburger Supermarkt mehr als 18 Millionen Leser und Hörer auf Facebook, im Rundfunk und in den Printmedien. Tausende Menschen teilten ihre Hilfsbereitschaft.

Dieses Buch möchte genau diesen Menschen etwas zurückgeben: Wertschätzung für das, was sie tun und wer sie sind. Es will Impulse geben, wie man mit kleinen Taten Großes bewegen kann. Täglich eine gute Tat kann zu mehr Menschlichkeit in unserer schnelllebigen und emotional oft recht kühlen Welt beitragen.

Lassen Sie sich inspirieren und für einen Moment aus Ihrem Hamsterrad des Denkens und Handelns entführen. Betrachten Sie Ihr Leben aus einem neuen Blickwinkel und erfahren Sie viel Freude beim Lesen.